顾炎武

Gu Yan Wu

周可真 著

江苏凤凰美术出版社

图书在版编目（CIP）数据

顾炎武 / 周可真著. -- 南京：江苏凤凰美术出版社，2020.6
（符号江苏·口袋本）
ISBN 978-7-5580-7868-2

Ⅰ. ①顾… Ⅱ. ①周… Ⅲ. ①顾炎武（1613-1682）-生平事迹 Ⅳ. ①B249.1

中国版本图书馆CIP数据核字（2020）第183771号

责任编辑　舒金佳
助理编辑　吴梦楠　李沛林
图片提供　顾炎武研究会
责任校对　吕猛进
责任监印　张宇华

书　　名　顾炎武
著　　者　周可真
出版发行　江苏凤凰美术出版社（南京市湖南路1号　邮编：210009）
出版社网址　http://www.jsmscbs.com.cn
制　　版　南京新华丰制版有限公司
印　　刷　南京新世纪联盟印务有限公司
开　　本　787mm×1092mm　1/32
印　　张　4.125
版　　次　2020年6月第1版　2020年6月第1次印刷
标准书号　ISBN 978-7-5580-7868-2
定　　价　35.00元

营销部电话　025-68155792　营销部地址　南京市湖南路1号
江苏凤凰美术出版社图书凡印装错误可向承印厂调换

目　录

前　言

明征士顾先生炎武 选自《昆山先贤图录集》

顾炎武（1613—1682），明清之际的昆山学者，是一位还在世时就已经驰名儒林，而去世之后久享盛誉的江苏文化名人。

清初诗坛盟主之一钱谦益(1582—1664)曾经屈指历数当时的东南古文名家，将当时还正年轻的顾炎武列为“五家”之一。康熙九年(1670)，山东德州学者、诗文家程先贞（1607—1673）在《赠顾征君亭林序》中称顾炎武为“今之大儒”，赞扬他“于书无所不读，习熟国家典制，以至人情物理，淹贯会通，折中而守之，卓乎为经济之学者也”。清初“散文三大家”之一汪琬(1624—1691)在《与人论师道书》中这样称赞顾炎武：“当世未尝无可师之人，其经学修明者，吾得二人焉，曰：顾子宁人，李子天生。”顾炎武逝世以后，学者对他的评价一向很高：清初山西学者吕兆麟在《哭亭林先生》中称他为“江南之巨儒”；康熙朝理学名臣李光地（1642—1718）的《顾宁人小传》则以“近代博雅淹洽，未见其比”来评价顾炎武；《四库全书总目提要 · 左传杜解补正》更是评价他“博极群书，精于考证，国初称学有根底者，以顾炎武为最”……

光绪三十四年（1908），经朝廷批准，顾炎武与王夫之、黄宗羲一起从祀文庙，从此他们被世人公认为清初“三大儒”。近人梁启超（1873—1929）尤其盛赞顾炎武“不仅是经师，而且是人师”。2000 年，河北人民出版社出版《旷世大儒》丛书，将顾炎武与孔子、孟子、荀子等古代 11 位历史人物并称为“旷世大儒”，书中指出：

纵观历史，顾炎武是中国社会开始从古代向近代转变的特殊历史时期杰出的启蒙学者之一；当祖国处于生死存亡之际，他是一位坚定而有独特思想和情操的爱国者；在学术发展史上，他是从宋明理学到清代朴学历史转变过程中一位继往开来的学术大师。

顾炎武之所以能成为这样一位伟大学者，根本原因在于他深爱其国。从他一生经历来看，爱国就是他思想的灵魂：当明末国家动荡之时，促使他放弃科举而走上实学之路的源动力是“感四国之多虞，耻经生之寡术”的忧国救亡之心；当明清易代鼎革之时，他发誓立下保国之愿、复国之志，积极参加抗清复明斗争；抗清失败后，他深感亡国之痛，潜心研究经史之学，孜孜探索“天下之势之何以流极而至于此”的原因；最终，他在临终绝笔而定的《日知录》中提出了被近人梁启超概括为“天下兴亡，匹夫有责”的著名论断。顾炎武之所以在清初“三大儒”中特受人敬重，也与此名言深有关系，他说：

有亡国，有亡天下。亡国与亡天下奚辨？曰：易姓改号，谓之亡国；仁义充塞，而至于率兽食人，人将相食，谓之亡天下。……是故知保天下，然后知保其国。保国者，其君其臣肉食者谋之；保天下者，匹夫之贱，与有责焉耳矣。

这段话的核心思想在于强调：伦理道德是国家赖以存在的文化基础，一个国家的国民道德状况直接关系这个国家的兴亡，所以国家兴亡，人人有责。由此，梁启超便将

顾炎武纪念馆

昆山亭林园顾炎武纪念馆

这段话概括为“天下兴亡，匹夫有责”，以此号召当时正遭受西方列强侵略而身处国家生死存亡关头的中国人都承担起国家救亡责任，这对于近代中国民主爱国思潮的兴起和民主爱国运动的开展都曾起到过巨大的激励作用。中华人民共和国成立以后，“天下兴亡，匹夫有责”激励了一代代青少年,激发着广大人民群众的爱国热情和爱国意志。

就顾炎武而言，他留恋明朝，热爱华夏文明，他想力保的“天下”本质上就是被他视为华夏之国文化基础的儒家“仁道”。他作为一位“经师”所从事的“明道救世”的“经学”，本质上就是基于他对清朝统治下“吾道”（仁道）将毁于一旦的警觉，出于“保天下”之心而开展的“明清之际新儒学”。

顾炎武的人生经历与学术历程表明，他是一位“天下兴亡，匹夫有责”的知行合一者。

第一章

书香世家

顾炎武生于明万历四十一年五月二十八日（公元1613年7月15日），卒于清康熙二十一年正月初九日（公元1682年2月15日），本名绛，小名藩汉，学名继绅。起初，他一直用本名，字忠清，又字宁人。明亡后，他改名为顾炎武，字宁人，又字石户。后来，顾炎武曾改名为蒋山佣，又换过“圭年”这个名字。学者称他为亭林先生，也称作涂中先生。

一、累世官宦，家道中落

根据顾炎武自述，顾家始祖是顾野王（519—581），为南朝梁陈间著名的文字训诂学家、史学家。顾野王原名

历史上的顾氏古宅，
位于昆山柴王弄

顾体伦，字希冯，因为仰慕西汉关内侯、为人刚强正直又宁静淡泊的冯野王而改名。相传，顾野王居住之地在明清时松江府华亭县境内，华亭县东南方向35里有一个湖，叫作“顾亭林湖”，湖南边有一个镇，叫作“顾亭林镇”，都是因为顾野王曾经居住在此而得名。明代松江画家顾正谊以“亭林”自号，顾炎武便以“亭林”命名文集，因此得到“亭林先生”的称号。

五代之际，顾家从吴迁至滁（今安徽滁州）。宋南渡时期，顾家一位名叫“庆”之人又搬迁到现今的上海崇明岛。后来，顾庆的次子顾福山迁居到如今的太仓浮桥。顾福山有一位叫作顾鉴的后代，又迁居到昆山的千墩镇。

顾氏家族在花蒲保的故居门楼

千灯镇顾氏故居门前的石板街

千灯镇新秦峰塔

千灯镇旧秦峰塔

顾鉴（字仲明，号默庵）是明嘉靖三年（1542）搬迁到千墩镇（现千灯镇）的，从此顾家进入了官运亨通的时期。顾鉴本人官至刑科给事中，他的兄长顾钦官至工科给事中。

顾鉴的儿子顾济（字舟卿，号思轩）就是顾炎武的高祖父，是正德十二年(1517)进士，历任官职有行人、刑科给事中、赠中宪大夫、江西饶州知府，著有《谏垣疏》一卷，《明史》有传。据顾炎武自述，他的高祖父在担任给事中一职时，正值正德末年，当时天下只有王府、官署和建宁书坊才有刻版，在民间传布的不过是“四书五经”、《通鉴》以及性理之类的书籍。其他的书即使有刻版印刷的，不喜欢古籍的人家不会收藏，但是顾炎武家已经有六七千卷藏书。

顾炎武的曾祖父顾章志（1523—1586），字子行，或作行之，号观海，嘉靖三十二年(1553)进士，官至南京兵部侍郎，赠都察院右都御史，著有《船政疏》一卷，《明史》有传。据顾炎武自述，万历后，曾祖父顾章志多次出任各省的要员，但他注重操守，为官清正廉洁，平生最大的嗜好就是收藏图书，往往用自己的俸禄购买书籍。

顾炎武的祖父顾绍芳（1548—1594），字实甫，号学海，万历五年（1577）进士，官至左春坊左赞善兼翰林院编修，管理制诰，赠左春坊左庶子。顾绍芳擅长诗文，尤其精通五律，文集有数百篇，但没有流传于世，只在清代学者朱彝尊（1629—1709）的《静志居诗话》中录有《喜陆彦先至》一首：

常忆秋风里，离尊共黯然。所期宁此地，相见忽经年。白眼时人过，青山旅梦牵。悬知有新语，羞属蒯缑篇。

顾炎武的生父顾同应（1585—1626），字仲从，或作仲逢，又字宾瑶，是顾绍芳的次子，娶何氏，生五子四女，顾炎武为仲子。

顾同应刚 10 岁，父亲就离世而去，孤儿寡母的家庭日渐陷入贫困。但顾同应从小就很懂事，处世成熟，长大后聪颖好学，精于科举时文，尤其擅长诗文创作，写得一手好词。但他科举命运不济，曾经 7 次参加乡试，仅 2 次中副榜，未能中举，最终承蒙父荫进了国子监。

顾同应虽然家贫，却为人慷慨，乐善好施，深受乡人敬重，但不幸 42 岁时早逝。根据古籍记载，顾同应去世那天，亲戚朋友为此痛哭，街巷中充满哭声，可见他生前人缘之好。顾同应遗著有《药房》《秋啸》等集，王昶（1725—1807）的《明词综》收录其中二首：

萤六曲窗纱。夜凉如许，秋在谁家。帘外星移，屋梁月堕，逗得些些。玉阶悄忆年华。曾几照、钗横鬓斜。长信宫间，摩诃池冷，光黯秋花。——《柳梢青》

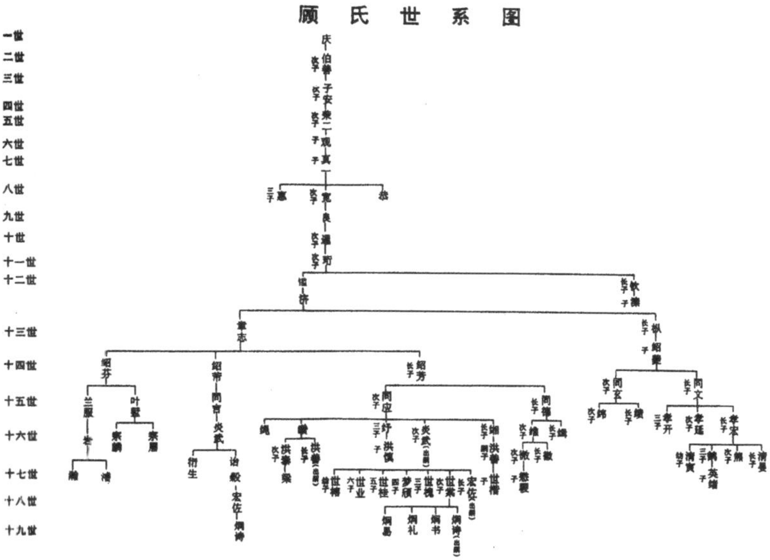

顾氏世系图（马一平制图）

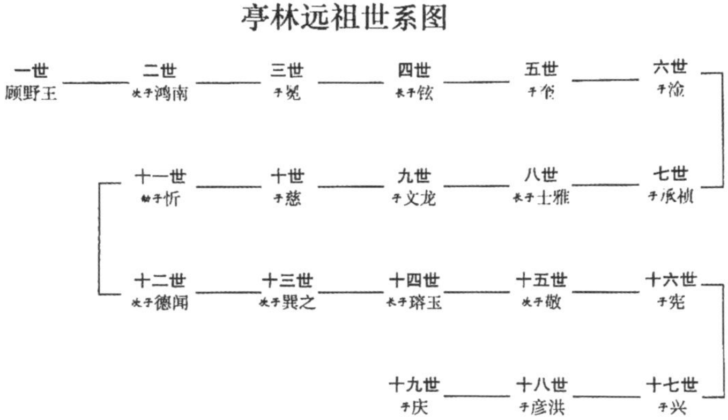

顾氏世系图（马一平制图）

千灯镇的顾氏家族后裔十二代、十三代、十四代合家照

生小教人怜。娇擘瑶笺。春来独自在窗前。谢女帘栊飞柳絮，秀句先传。香梦逗春烟。一晌留连。吟情多半为花牵。还忆从郎征险韵，谱入冰弦。——《浪淘沙》

根据顾炎武外甥徐乾学(1631—1694)追忆，外祖父顾同应去世后，外祖母何氏独自支撑家庭，百般苦楚。徐乾学还称，何氏性格严肃、神情沉重，有时整天不说话，唯独喜爱读书。她不仅熟知诗书，还能知人论世，鉴别是非，赏识人才。由此可见，顾炎武生母是一位不仅不同于普通女性的小家碧玉，也有别于一般大家闺秀的独特的知识女性。

二、慈母贞孝，朝廷旌表

顾炎武曾祖父顾章志有二子，长子顾绍芳就是顾炎武的亲祖父，仲子便是顾炎武的嗣祖父顾绍芾（1563—1641，字德甫，号蠡源）。顾炎武怎么会被过继给顾绍芾，做了他的嗣孙呢？

和兄长顾绍芳一样，顾绍芾也曾参加科举考试，只是科场遭遇与顾绍芳完全不同：通过院试后，顾绍芾是靠着捐纳才进入国子监，后来以贡生（例贡）身份多次参加乡试，直至50岁都没能中举，最终摒弃科举。

顾绍芾不单科举命运悲惨，他的人生遭际同样如此。顾绍芾独生子顾同吉18岁订婚，还未结婚时，就因病离世。那时，顾绍芾已经年近50岁，老来遭遇丧独子之痛，他悲伤至极的心情可想而知。

按照当时习俗，顾同吉的未婚妻王氏原本可以另嫁他人，但她认为，既然跟顾家订了婚约，就应当守约，不能毁约。于是她不顾父母反对，毅然来到顾家，守志不改嫁，心甘情愿当了顾同吉的未亡人。

明万历四十一年（1613）夏，顾炎武降生，还在襁褓中的他被抱到叔祖顾绍芾家，做堂伯父顾同吉的嗣子，因此王氏便成了顾炎武的嗣母。

和顾炎武的生母何氏一样，嗣母王氏也是一位出身书香之家的知识女性。她的父亲王述是位太学生，祖父王

嗣母教子

宇（1417—1463）更是明朝名臣，《明史》有传。因此，顾炎武嗣母王氏完全可以说是出身名门望族的大家闺秀。其实，仅从她毅然为顾同吉守贞之事，便可看出她自小受到过严格家教与礼义约束；她进入顾家后，独自侍奉公婆数十年，一直孝顺如初，也表明她有很深的道德涵养；她对顾炎武实施的启蒙家教，更说明她不但道德修养好，知识素养也很高，眼界识度远远不是一般的小家碧玉可以相比的。

顾炎武幼时多病，3 岁曾患天花，治愈后留下终身目疾，有传记称他的一对瞳仁中间是白的，而边上是黑的，这可能也是后来乡人称他为“顾怪”的原因之一。根据顾炎武自我回忆，他 6 岁时，嗣母便给他讲授《大学》；在讲授“小学”时，每次讲到齐国隐退大夫王蠋的故事，都要重复三遍；10 岁时，嗣母就给他讲述刘基、方孝孺、于谦、王蠋等人的事迹。刘基、方孝孺、于谦都是明朝忠烈之士，王蠋是战国时齐国义士，王氏以这些人的事迹作为对顾炎武进行启蒙教育的素材，表明她的家教十分注重培养孩子的道德人格和爱国情怀。顾炎武还回忆说，在他嗣祖母当家时，嗣母王氏白天把丝麻等纤维纺成纱或线，晚上看书到二更才休息，尤其喜欢看《史记》《通鉴》和与本朝政纪相关的一些书。一个做母亲的能如此好学，而且所学的都是有关国家历史和当世朝政的知识，并非一般小家碧玉所学的琴棋书画与吟诗做对之类，这对子女成长特别是学习心理的养成，会产生直接而深刻久远的影响，这种影响是任何其他人都难以达成的。顾炎武嗣母的言传身教是他

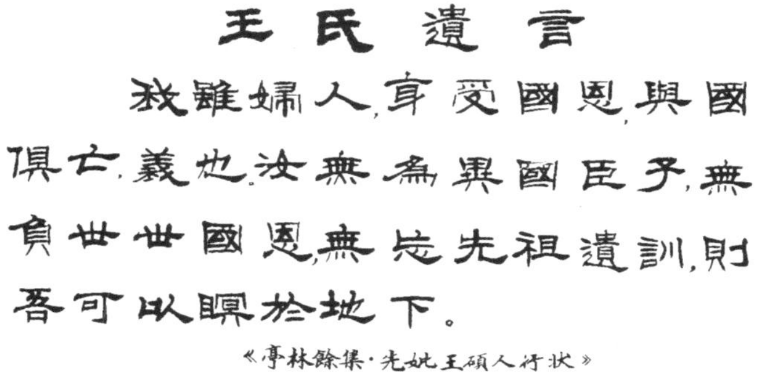

嗣母遗言

千灯镇贞孝祠顾氏祖茔处

千灯镇故居内的石马

最终能成长为杰出人物的最深刻的家学渊源基础。

王氏“未嫁守节，孝侍公婆，立后训子”的事迹，广为乡人传颂，引起了昆山县县令的关注。万历四十三年（1615），县令陈祖苞代表昆山县衙到千墩镇看望王氏。

崇祯七年（1634），王氏受到了苏松巡抚祁彪佳(1602—1645)的表彰。两年后，经巡按御史王一鄂（1536或1534—1594）操办，王氏事迹被上奏朝廷，崇祯下旨赐王氏“贞孝”牌坊。因此，王氏后来获“王贞女”称号，事迹被记入《明史·列女传》，她被当作节操高尚的模范妇女给予永世传扬。也正是因为王氏曾受到朝廷如此隆重恩典,所以后来当清兵占领南京并相继攻陷东吴各个郡县时，她听闻昆山、常熟沦陷，选择绝食而亡，临终前嘱咐顾炎武不可做异国臣子，不可忘当世国恩。

三、嗣祖豪迈，课以实学

在书香世家成长的顾炎武，从小接受的优良家教，不只来自他的嗣母，还来自嗣祖顾绍芾。顾绍芾虽然到50岁也没能中举，终身只得了个“太学公”的名号，但他从小跟随在外地做官的父亲，游历半个天下，见多识广。顾绍芾不仅文采过人，而且通晓国家典章制度，还特别擅长诗词与书法。顾炎武曾说嗣祖顾绍芾的书法胜过唐人，就连当时著名书法家董其昌（1555—1636）看了顾绍芾的书法作品都有些自愧不如。可惜顾绍芾的书法作品没有流传至今，他的文集《庭闻记述》《梦庵诗草》也早已失传。

顾炎武曾评价他的嗣祖因为性格豪放不拘小节而与周围的人处不到一块去，这种个性鲜明的性格在陈济生所写

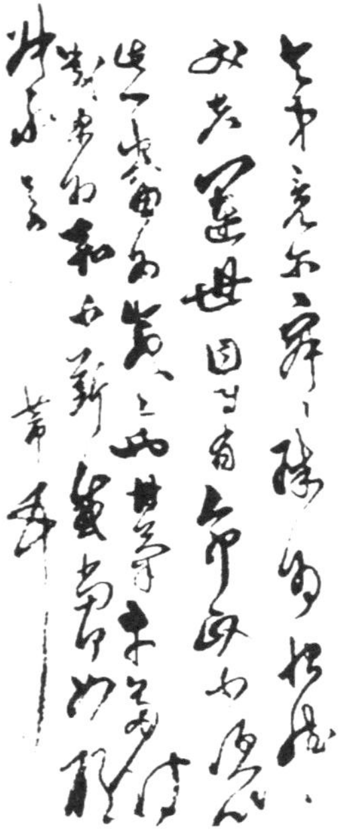

顾绍芾手迹 选自[日]井上进著《顾炎武》

的《太学顾先生顾绍芾传略》中也有印证。或许正是他这种性格魅力，加上显赫的家庭背景，以及通晓典故的深厚学养，所以在他社交特别活跃的时候，无论学界还是政界，顾绍芾都有很好的人脉关系和较强的社会影响力，以至于在明末党争激烈的环境下，两党的头目都与他结交。他虽应付科举漫不经心，但对社交与党社活动十分热心，这对后来顾炎武的成长产生了深刻影响——顾炎武少年时代的生活简直就是他嗣祖的克隆版。

自从顾绍芾放弃科举生活以后，随着年龄递增，社会活动日益减少。顾炎武出生时，顾绍芾已年近六旬。这时候，努尔哈赤在北方已完成建州女真各部的统一，而且开始了统一海西的进程，所以明朝内忧外患的情形逐渐显露。顾炎武 6 岁那年，已经称“汗”的努尔哈赤以“七大恨”誓师告天，发动战争对抗明朝。后来，后金兵连年入关，攻城略地。顾炎武 9 岁时，后金兵攻取沈阳、辽阳，明朝袁应泰（新任辽东经略）自杀，明朝政局随之发生动荡性变化。此前宫廷内部相继发生了

“梃击”“红丸”“移宫”三案之后，又有四川永宁奢崇明（宣抚司土司）称王割据叛乱，随后贵州水西安邦彦（宣抚司土司）趁势起兵作乱。西南乱局尚未摆平，山东又有白莲教起义。次年末，魏忠贤以司礼监秉笔太监掌管东厂，自此明朝党争发生逆转，原本势弱的阉党开始占据上风，本来势力强盛的东林党迅速转为下风……

顾绍芾向来有读邸报的习惯，虽然因为年迈足不出户，但对时政大事却是了然于心。他一向忧国忧民，面对日益恶化的政局，日夜不停地思量朝廷之事，心情愈发沉重。有一天，他手指庭院中的草根对顾炎武说：“你将来能吃到这个，就算幸运了！”他对顾炎武的启蒙教育，就是在如此深重的忧患意识和强烈的危机意识下进行的。

嗣祖授学

当时，一般读书人的家庭都只是让孩子学习科举时文和应试技巧，而顾绍芾教授顾炎武的却大多是与当时科举应试无关的古代经典（明朝科举考试只在“四书五经”范围中命题），包括《国语》《战国策》《史记》《资治通鉴》之类的史学名著，以及《孙子》《吴子》之类的兵法经典。顾炎武14岁考中秀才后，本该一门心思准备考举人，顾绍芾却又拿出自己经常阅读的邸报给顾炎武看，想让他知晓国家的时政大事，并谆谆教导顾炎武：“读书人应当探索实学，天文、地理、兵农、水土和一代典章制度的原因，必须熟悉并推究。”

在很大程度上，正是由于受了嗣祖为学方式的影响与实学思想的熏陶，顾炎武对应试科举从不上心，倒是对当时由张溥(1602—1641）、张采（1596—1648）、杨彝（1583—1661）等人组建的应社和后来由张溥发起成立的复社所倡导和追求的通经致用之学很感兴趣，并先后加入社团中。因为他成天热衷于社团活动，对科举考试只是应付，所以平时参加岁试（对生员的检查性考试）、科试（乡试前的预试），顾炎武很难考到一等优绩，大多只是二三等成绩；在每隔三年举行一次的乡试上，他更是屡试屡败。直到27岁乡试又遭败绩，他干脆放弃科举考试，按照嗣祖教给他的实学方法，一心从事有益于国计民生的经世之学。

第二章

江东名士

顾炎武的一生，大半时间在江南度过，45 岁开始北游，后来除了 50 岁之前曾回过一次江南，其余时间都在北方游学，直到在山西曲沃终老逝世。

在顾炎武已至 40 岁而决意到北方游学时，他的学友曾联名写下一份《为顾宁人征天下书籍启》，文中简要叙述了顾炎武家世和他的治学功力，希望广大读书人在他游学北方时，为他写书或提出主张与学说时提供方便。在这份相当于公开的私人介绍信上签名的归庄、潘柽章、杨彝等 22 人，都是来自大江南北的文人学士，是顾炎武在江南生活的不同时期结交的亲密朋友，几乎全是当时文人学士界响当当的人物。他们的这份联名之作表明，顾炎武当

顾炎武拜访杨彝

时已是驰名大江南北的文坛俊杰，是获得当时文人学士盛情推荐的江东名士。

一、归奇顾怪，共游复社

在顾炎武众多学友中，他跟归庄关系最好，归庄曾说他俩是“同乡同学又同心，不须文字见深交”。

归庄是被黄宗羲称为“明文第一人”的明代中期散文大家归有光（1507—1571）的曾孙，与顾炎武同龄，且是同窗，因为性情脾气很投缘，从 20 岁订交，他俩便结为终身挚友。他们虽然土生土长在昆山，性格却和一般当地

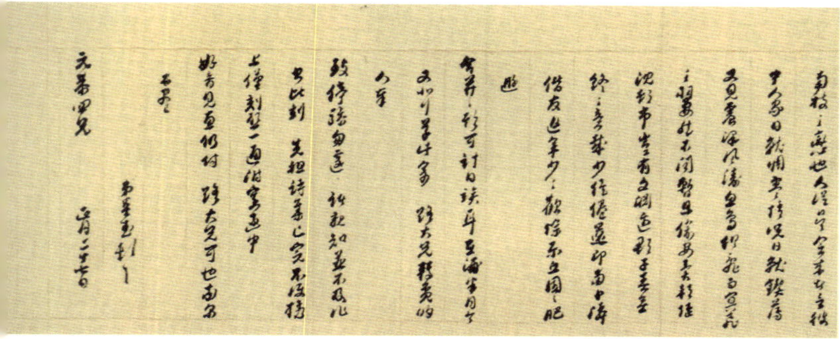

炎武《致归庄信札》

人不同，乡亲们曾以“归奇顾怪”来称呼这对看上去言行举止有些稀奇古怪的乡间“活宝”，顾炎武自己也曾说人们认为他俩很疯狂。这两位“狂生”究竟有怎样“奇怪”的具体表现呢？归庄曾白天带着酒瓶应试，边饮酒边答题，还用四种不同字体书写答卷；顾炎武曾夜里提着酒壶赏诗，边饮酒边吟诵，直到酩酊大醉才倒头而睡。

他们就是以如此狂放的态度，对待当时的科举生活，这在当时的确是异于世俗的“奇怪”现象。虽然他们对待科举生活态度狂放，但并不是魏晋门阀制度下贵族弟子表现门阀风流和腐气的那种放荡生活的态度，而是不满当时科举制束缚下士子们只求金榜题名、不求真才实学的嗜名躁进风气。顾炎武在《吴同初行状》中回忆起他和归庄青少年时代的生活，就曾说过从他所看到的这二三十年来被称为“文人”的，都以追求名利为目标，只有他与同县的归庄，爱好古文、砥行立节，是志同道合的朋友。当时他们互相看重的是对方的古文学修养水平和为人处世的气节品行，所以《昆新志》中说他俩是因为博雅独行而互相推崇认可。

顾、归二人对科举考试都是心不在焉，却非常热心社会活动。崇祯初年，他们都参加了复社，这是由太仓进士张溥在崇祯二年（1629）统一各地文社而成立的一个民间组织，它以“兴复古学”为学术宗旨，以“振起东林之绪”为政治目标。顾炎武因为祖上有旧宅在常熟唐市，不时要

加入复社

去住些日子，所以早在参加复社前，就结识了常熟乡贤、应社创始人之一的杨彝，并参加了他们的文社活动。可能是因为应社后来并入复社而成为复社的团体成员之一，所以清人记录的顾氏年谱都说顾炎武 14 岁就参加了复社，其实那时候复社还没有成立。顾氏年谱中的说法应该是指顾炎武参加应社，他加入复社是因为后来跟随应社一起并入复社的。

作为明末的一个党社联盟，复社包括了江北的匡社和南社、吴中的羽朋社和应社、松江的几社、江西的则社、山东的大社、莱阳的邑社等近 20 个文学社团。根据蒋逸雪（1902—1985）《复社姓氏考订》统计，复社成员有姓名可以核查的人有 3025 人，其中昆山县 51 人，佚名者更远超此数。杜登春（1629—1705）《社事本末》中记载复社从己巳（1629）至辛巳（1641）的 13 年中，共开过 3 次大会，张溥逝

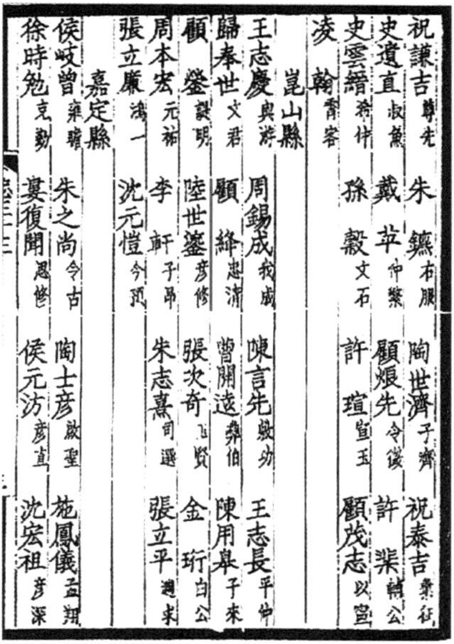
祝謙吉 尊先　朱鑛 布服　陶世濟 子齊　祝泰吉 秉征
史遺直 叔魚　戴苹 仲繁　顧焿先 令儀　許棐 輔公
史雲錦 希仲　孫轂 文石　許瑄 宣玉　顧茂志 以寧
凌翰 青睿
崑山縣
王志慶 與游　周錫成 我成　陳言先 啟幼　王志長 平仲
歸奉世 文君　顧綈 忠清　習開遠 彝伯　陳用皋 子來
顧鑒 毅明　陸世鎏 彥修　張次奇 飛賢　金珩 白公
周本宏 元祐　李軒 子昂　朱志熹 司選　張立平 週來
張立廉 鴻一　沈元愷 今闓
嘉定縣
侯岐曾 雍瞻　朱之尚 令古　陶士彥 啟聖　施鳳儀 孟翔
徐時勉 克勤　婁復聞 思修　侯元汸 彥直　沈宏祖 彥深

复社名册 选自［日］井上进著《顾炎武》

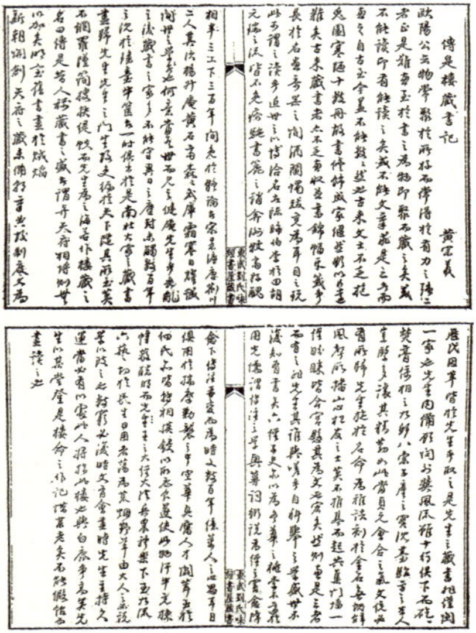

《传是楼记》黄宗羲书

世时（崇祯十四年，1641年），全国参加葬礼的有万人，可见当时复社声气规模之大。

从现有材料看，除了归庄、杨彝是顾炎武的终身好友以外，顾炎武还与一批复社成员往来密切。另外，顾炎武与东林党的钱谦益也有某种形式的交际，与黄宗羲（1610—1695，字太冲，一字德冰，号南雷，别号梨洲老人等，东林党“七君子”之一黄尊素长子）也有过书信往来并互赠各自作品。

对顾炎武和归庄来说，复社“兴复古学”的宗旨和活动是最吸引他们的。复社总盟主张溥在复社成立大会上的宣言和复社制定的《盟约》内容都正合顾、归的为学志向与为人诉求。但是复社的实际活动，根据陆世仪《复社纪略》称是这样的：“社事以文章气谊为重，尤以奖进后学为务。”所谓“文章气谊”，当然跟“兴复古学”宗旨有关，和“读圣贤书”联系在一起。所谓“奖进后学”，则

复社虎丘大会

是为了吸引更多士子加入组织所采取的俗套做法，具体方式主要有两种：一是通过标榜声价来使人在士林中成名；二是通过名义上是“推荐”，实际却是“走后门”的方式，使人在科场中取胜。顾炎武曾自称他当年“从四方之士征逐为名”，这说明他那时也未免有落于俗套的好名之心与逐名之事。他后来能成为闻名遐迩的江东名士，除了有真才实学，很可能复社也起到了一定的助成作用。

复社对顾炎武的影响主要有这样两个方面：第一，复社所倡导和实行的通经致用之学，对顾炎武形成实学思想和开展实学活动有直接助推作用；第二，他在复社的活动期间结识了一大批文人学士，这对他之后的学术活动和政治活动的开展也有很大帮助。后来顾炎武北游时，就是沿着复社的范围，先是到了山东莱州，这里有很多人参加了复社在山东的分支组织——大社，人数约占大社成员总数的三分之二，其中领袖人物赵士哲（1593—1655，字伯浚，号东山）的堂兄弟赵士完（字汝彦，号琨石，掖县人），是顾炎武初到莱州时结识订交的朋友之一。

二、放弃举业，学以用世

对于科举考试，顾炎武嗣祖父因为自己曾有过一段惨淡经历，所以对孙子也没有什么要求。顾绍芾原本就没有让顾炎武去参加科举考试的想法，所以他平时教授顾炎武的大多是与科举无关的古代经典。只是后来有一位与他经常往来的老人夸赞顾炎武聪慧，顾绍芾经不住别人如此善意劝说，才勉强让顾炎武学习科举文章，但并不指望顾炎武在科举仕途上有什么发展。顾炎武自己对科举考试也是心不在焉，加入复社后，更是经常与四方之士打交道，因此荒废了科举学业，所以虽然多次参加乡试，却每次都失败。27 岁那年，乡试再次失败，他曾回忆当时“感四国之多虞，耻经生之寡术”，最后终于决定彻底放弃科举从事实学。当时“四国之多虞”是这么个情况：

顾炎武 16 岁那年，即明崇祯元年（后金天聪二年，1628 年），山、陕农民起义军在王二、王嘉允、王左挂等领导下，攻城堡，杀官吏。高迎祥自称“闯王”，王大梁自称“大梁王”，聚集大众响应他们。“三边”饥军及山、陕游民纷纷加入起义军。十一月，农民军集中在河北，然后渡黄河，连续攻陷河南渑池等县，并继续挺进豫西、湖广。崇祯八年（1635），农民军荥阳大会后，13家72营兵分四路攻打明军，高迎祥、张献忠攻下凤阳。六月，农民军在陕西迎战明军，明将艾万年、曹文诏相继败死。七月，除高迎祥、李自成留在陕西外，其余分13营东进河南。九月，高、李在渭南被洪承畴打败，东走河南，与张献忠会合。第二年四月，皇太极建国号“清”，改元为崇德元年。七月，高迎祥被官军俘杀，李自成代替他统率部下，继续称“闯王”，于第二年十月入川。崇祯十一年（清崇德三年，1638年），张献忠假装投降。九月，清兵入境，接连攻陷京城附近48州县。顾炎武决定放弃科举那年，清兵又从德州渡过黄河，连续攻陷山东16州县，到第二年三月才出青山口离开。五月，张献忠又从谷城再次起兵，攻陷房县，并采取伏击战，明总兵官左良玉在罗睺山大败。七月，明思宗听闻谷城之变后大为惊讶，让杨嗣昌取代熊文灿，督师讨伐农民军。

总之，在农民起义军和清兵的双重打击下，明王朝已然摇摇欲坠。顾炎武平时常读邸报，大致了解国内政治和军事形势变化，他为国家命运深感担忧，又觉得自己缺乏救国之法，愧疚难当，于是毅然放弃科举学业，义无反顾地投身到为国分忧的实学兴邦事业中。从那时起，顾炎武开始了广泛阅读与收集材料的工作，为他后来《肇域志》《天下郡国利病书》的写作准备素材。这两本书来源于同一批材料，其中既有舆地内容，又有利病内容，原本统一拟名为《肇域志》，后来选取其中有关利病部分，取名《天下郡国利病书》。

按顾炎武自述，《肇域志》和《天下郡国利病书》的写作过程可分为“纂记”（阅读和收集材料）、“立言”（整理材料并编纂成书）两个阶段。从目前掌握的相关信息看，到清顺治九年（1652）顾炎武在40岁决定游学北方而杨彝等友人为他联名作《为顾宁人征天下书籍启》时，《天下郡国利病书》已告初成，在联名文中也有提到收集材料和考证编纂之事。而顾炎武在康熙元年（1662）为该文所写的跋文显示，材料也是源于上述的《肇域记》，也就是说，《肇域志》也是在这一年写成。

与《肇域志》专门叙述地域形势和沿革不同，《天下郡国利病书》虽含地理内容，但它并不是一部地理书，而是一部明代社会经济资料书，其中主要涉及兵防、赋役、水利，并且这些内容是从丰富广博的原始资料中选择适用于当时社会并且一一考证后精心编纂的成果，有很高的可信度与学术价值。其中有些材料，特别是一些重要观点，实际上也反映了编纂者本人的思想；这和《日知录》有些相似，只是后者对材料的剪裁组织更为精心，梁启超也曾

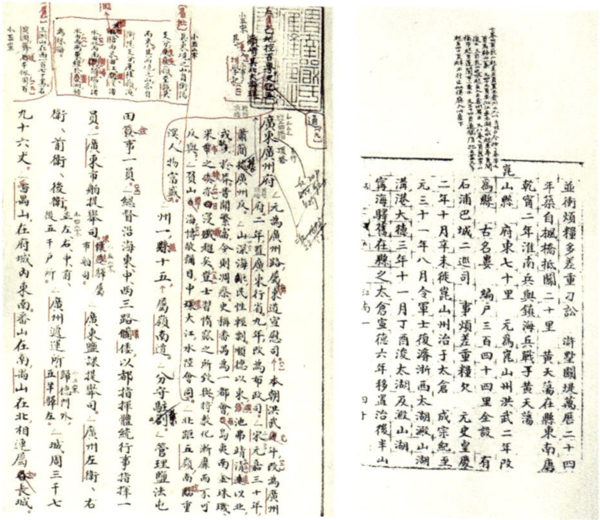
並衙頻糧多差重刁訟 滸墅關堤萬歷二十四
年蔡自楓橋抵關二十里 黄天蕩在縣東南唐
乾寧二年淮南兵與鎮海兵戰于黄天蕩
崑山縣 府東七十里 元爲崑山州洪武二年改
爲縣 古名婁 編户三百四十四里全設 有
石浦巴城二巡司 事煩差重糧欠 元史皇慶
二年十月辛未徙崑山州治于太倉 成宗紀至
元三十一年八月令軍士復濬浙西太湖澱山湖
滿港大德三年十一月丁酉浚太湖及澱山湖
寘海驛舊在縣之太倉宣德六年移置治後半山

《肇域志》抄本书影 云南省图书馆、上海图书馆藏

夸赞《日知录》的编纂是煞费苦心。因此，《天下郡国利病书》不仅是研究明代社会经济的一部重要参考书，而且对研究顾炎武思想也有一定的参考价值。

《天下郡国利病书》是在顾炎武北游之前写成的，正是此书奠定了顾炎武在江南士林中异乎寻常的学术地位，使大致知晓他写作事宜及该书内容的归庄等学友对顾炎武的博学多识肃然起敬。也是因为如此，当5年后顾炎武途经淮北时，归庄又代表江南学友作《送顾宁人北游序》，表达了他们对这位即将游学于北方的畏友的殷殷期许。

三、牧斋称道，灌老击节

如果说那些与他年龄不相上下的学友对顾炎武才学的评价多少有些恭维，那么，像钱谦益、李模（明天启进士，官至御史）这样在当地极有声望的资深学者，对这位比他们年少二三十岁的学界后生的评价就很中肯了。

钱谦益，字受之，号牧斋，晚号蒙叟、东涧老人，学者称其“虞山先生”。历史上对于这位明清易代之际文坛盟主的评价，向来贬褒掺杂且贬多于褒。除了他本人的性格和思想确实比较复杂以外，主要是由于一些传统的政治标准与道德标准在起作用，人们无法原谅他谄事阉党和降清失节之罪。但不管这些事究竟发生在怎样的具体情况下，也不管他本人为人处世之道到底有怎样的具体特点，那些传统的政治与道德评价原则让人们给阉党贴上“坏”的标签，只要是曾经对阉党作出过一定妥协，都会被看作是“谄事”的表现；而不仕二姓更是“忠”的绝对标准，所以对“异姓”作出妥协就会被看作是失节的表现。其实，明末东林党与阉党之间互相斗争的具体情况很复杂，很难用“好”“坏”一概而论这两党的表现。按顾炎武后来在《日知录》中所阐述的“国”与“天下”之辨，仕二姓也未必就是失节的表现，因为保天下才是为人最重要的德行，是做人的底线。是否尽到保天下之责，才是衡量一个人到底是有德之人还是失德之人的标准。

就钱谦益在国变之际的具体表现来说，据《嘉定屠城纪略》记载，他是在南都被攻破、弘光帝逃亡的情况下率先投降。之后，他为了解救在吴中的百姓，暗遣门客周荃到清兵主帅多铎那儿当说客。有口辩之才的周荃说吴中的百姓民风柔软，速递檄文就可平定，用不着动兵，这样便说服了多铎，多铎很爽快地接受了周荃的建议，并任命他为吴中安抚使，同时指派明降将黄家鼐辅佐他。于是，周、黄两人一路前往吴中招降。进入苏州城后，明监军道杨文骢率兵 500 人进入郡城，杀了黄家鼐等人，周荃躲过一劫并禀告了多铎，于是多铎发兵入吴。无论最后结果怎样，起初钱谦益派周荃去当说客的根本目的，是为了吴中百姓免遭清兵杀戮，他拯救生灵的仁心跃然可见。至于他降附清军，那是在福王朱由崧于清兵攻入南京前夕就偷偷跑掉的情况下发生的，人们又有多少正当理由去指责他对福王的不忠呢？

这里暂且不论钱氏上述那些是是非非，单就其文学成就而言，自龚鼎孳（1616—1673，合肥人，与吴伟业、钱谦益并称“江左三大家”）称他为“文苑之宗师”以来，他作为明末清初诗坛或文坛的盟主之一的地位几乎无可撼动。

顾炎武与钱谦益本不相识，更无交往，他俩的关联是通过归庄建立起来的。

现有史料中尚未发现顾炎武跟钱谦益曾有过往来的直接证据，但许多资料证明，归庄与钱氏有过密切交往。《归庄集》中有些诗文透露出归庄曾为整理编辑曾祖遗著颇费周章，寝食难安，为此曾向钱谦益求助。钱氏十分乐意为他排忧解难，并提供了许多实际帮助，这是归庄对钱氏怀有特殊感情的最重要原因。

目前还很难确定归、钱交往从何时开始，但最晚是清顺治十二年（1655）顾炎武因为杀家奴陆恩而被仇人控制在陆家时，归、钱已建立起密切关系，所以当归庄为救被关押在陆家的挚友时，他首先便想到了向钱氏求援，只是没有料到钱氏竟会开出这样的施救条件：顾炎武必须公开声明自己是钱谦益门生。归庄救友心切，便自作主张地用顾炎武的名义写了张门生帖子交给钱氏。但顾炎武得知此事后，却表示拒绝接受钱氏的条件，并执意要讨回那帖子。

《墨竹诗翰卷》 清 · 归庄绘

在索要未果的情况下，他竟托人在大路旁立了一张通告牌，向公众说明他并非钱氏门生。钱谦益得知此情，只说了一句话：“宁人何其急躁呀！”这意思好像是说：“你不愿投我门下就算了，又何必这么急于说明呢？”后来的事实证明，钱谦益并没有将此事放在心上，反倒对这位后生另眼相看，从此开始关注顾炎武，还读他的诗文，而且对其评价很高。吴炎在《归玄恭古文序》中就提到了钱氏对顾炎武诗文和才华曾有至高评价，他列举了心目中的 5 位东南古文家，顾炎武便是其中之一。

钱谦益所提到的五位东南古文家中，归庄、吴炎、潘柽章这三位是顾炎武挚友，另外一位是王玠石，他是几社成员，也可算是顾、归的复社同志，因为几社是复社的核心团体成员之一，著有《镰山草堂集》。

上述五位东南古文家中，顾炎武名声最为响亮，这从

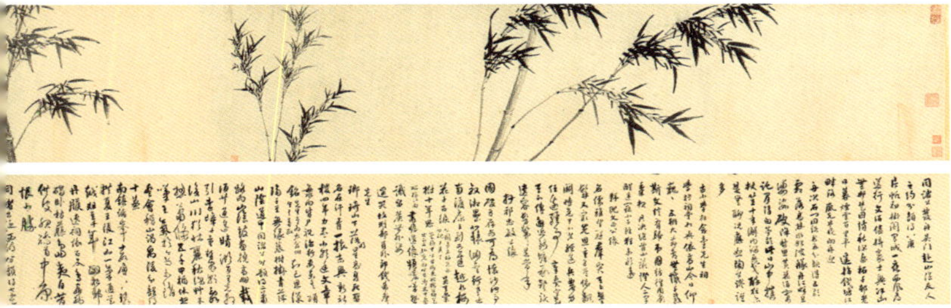

归庄《与叶嵋初书》中明显可见。该书不但表达了归庄自己对顾炎武古诗文的赞赏态度，还表示相信总有一天，天下后人都会读顾炎武的诗文；并说四方之士只要读过顾炎武诗文的人都很欣赏，尤其还特别提到了灌老（李模）等一批乡贤名宿对顾炎武诗文和才华的赞赏。

第三章

南明谋士

明清交替之际，当自己的国家处于生死存亡关头，顾炎武是一位坚定而有独特思想和情操的爱国者。

他的爱国有多方面的表现。在明末，他“感四国之多虞，耻经生之寡术”，主动放弃科举，投身有益国计民生的实学事业；在清初，他以自己的才学所长而效命于南明，以或明或暗的形式积极参与南明的抗清复国斗争；在南明各个政权相继覆灭而自觉复国无望时，他以明朝遗民身份奔走于南北各地，多维度地反思和总结明朝覆亡教训，同时以诗文形式，或明或暗地表达爱国思想，抒发爱国情怀；晚年时，他将华夏之国再兴与重建的希望寄托于“后王”，全身心投入《日知录》的撰述，以作为“后王”治世的借鉴。

一、臣事弘光，撰作“四论”

公元 1644 年春，李自成攻进北京，崇祯帝自缢而死，宣告了明朝灭亡。同年 5 月，史可法、马士英等在南京拥立福王朱由崧，建立了南明朝廷，年号“弘光”。这一年冬天，经昆山令杨永言推荐，顾炎武被福王朝廷聘为兵部司务。在就职前，他一气写下了《军制论》《形势论》《田功论》《钱法论》四篇文章，因为文章写成于乙酉（1645 年，顺治二年）之春，故称“乙酉四论”。这是顾炎武为战胜清军、匡复明朝而特地为福王朝廷出谋划策所写的文章，既表达了他的拳拳爱国心，也反映了他当时的经济、政治和军事思想。

《军制论》是讨论军制改革的文章。该文根据“养兵百万，不费民间一粒”的原则，认为三代时实行的“寓兵于农”的军制最为合理。文章对三代后直至明代不断地将

遗物：印章、笔筒

军事组织一分再分的危险情况，提出了“变法”主张，要求按每人 50 亩的标准，给军队以军田，使军队立屯堡，且耕且守；此外，为保证军队一人顶一人之用，军田一亩顶一亩之用，还提出了一些配套措施来辅助实施寓兵于农的制度。

《形势论》是针对明朝半壁江山被清军占领的军事形势而讨论用兵之法的文章。该文首先将尚存的半边天下当作一个有机整体看待，认为在该整体中，荆襄是“天下之吭”，与之相对应则蜀为“领”，两淮山东为“背”，在用兵上，无论是守或是战，都应该优先考虑蜀，若能控制蜀，则退可自为一国，依然可以安定，进可向秦、凤、泾、陇间出兵，这样撼动天下亦不难。以荆襄来说，它在江左上流，西接巴蜀，北控关洛，战略地位又比蜀更重要，所以应当派重兵把守这一地区。而山东、两淮地区直接关乎南都存亡，所以从当时形势看，欲保南都，最要紧的是阻击两淮的入侵。

《田功论》针对当时因连年战乱导致边地久荒不耕、人口离散、兵丁不足的现实情况，讨论怎样恢复边地农耕问题。文中提出了出钱募人垦荒的办法，顾炎武相信按这个办法执行，边地就会粮食丰收、兵丁兴旺，边境安定，从而使国家的防御坚固。

《钱法论》针对弘光政权初建时假钱泛滥、物价飞涨、市场混乱而导致南明朝廷财政困难的现实情况，主张铸造统一货币，以货币流通的良性循环来带动整个社会经济的恢复和发展；并建议政府采取果断措施，以制钱代替州县的一切存留支放，让假钱不敢流入于市，巩固市场稳定与政府权力。

顾炎武带着“乙酉四论”兴冲冲赶往南京，本想干一番大事业。按他当时对时局的评估，那时南明抗清事业大有可为，所以在途经镇江时，他即兴赋《京口即事》二首，其中有“河上三军合，神京一战收”之句，表明了他对正在进行的抗清战争充满了必胜信念，感到无限快乐，并以

南京朝天宫

顾炎武遗履

"祖生多意气,击楫正中流"之句自我鼓劲加油。可是,进了南京,他了解到福王朝廷内部一片混乱腐败的实际情况后,大失所望,原本亢奋的情绪一落千丈,以至于当时所作的《金陵杂诗》发出了"凄然""孤影"的悲叹。因为发觉不能有所建树,顾炎武仅在朝天宫住了不到一个月,就打道回府了。

二、从戎苏州,遥奉隆武

顾炎武是顺治二年(1645)四月赴南京的,当时与他同行的有比他小2岁的少时玩伴从叔父兰服,他俩踌躇满志而往,惆怅失意而返,于当月底回到了家乡。

五月一日,在常熟语濂泾祖宅,顾炎武为嗣母庆寿,参加寿宴的亲友,除从叔父兰服之外,还有好友吴其沆(字同初,嘉定县学生)和外甥徐履忱。那天,在寿星退席之后,他们四人一边喝酒、一边侃侃而谈,直到半夜才散席。

在顾炎武为嗣母做寿时,已渡过淮河攻占扬州的清军对扬州的屠城还未结束,从四月二十五日破城到五月二日,清军大肆杀戮,扬州全城死难者达80余万。

五月八日,清军乘大雾夜渡长江,次日攻克镇江。十日，南明弘光帝听闻清军渡江，二鼓后与内监四五十人偷偷逃出南京城。十五日，清军进入南京，南明勋戚、大学士、尚书、侍郎等31人，都督16人，提督1人，副将55人与城内各官投降。二十二日，清军为追弘光帝到了芜湖，南明靖国公黄得功战死，弘光帝被俘，第二年五月在北京被处死。

六月，清军从常州、无锡直取苏州，十三日进入杭州。十五日，清廷下剃发令。此后，江南各府纷纷起兵抗清。江阴百姓抗清81日，前后杀敌7.5万多人，城守者战死6.7万多人，到八月二十一日城破后，清军又屠城三日，城内外殉难者数十万。

六月上旬，李延龄（清大将兼刑部侍郎）、土国宝（副将总兵官兼江南巡抚）率骑兵1000多人，进驻苏州。闰六月初四日，吴志葵（明吴淞总兵官）从海上起兵，经淀湖攻入苏州。当时配合吴军进攻苏州的，还有以吴江进士吴昜（1612—1646，字日生，号朔清）为首的太湖义军，以及由故郧抚王永祚领导的昆山等地的义军。顾炎武及归庄、吴其沆等，在县令杨永言带领下，参加了王永祚军，但这场战役以义军失败告终。

闰六月十五日，昆山起义兵自守。当时，顾炎武带领绅士们发布文告征集粮食，做长期守城准备。七月初六日，清兵攻入昆城，在城中一连烧杀6天，昆山士民死难者4

昆山老北门城墙

万。顾炎武的两个胞弟惨遭杀害，生母何氏被清骑兵砍伤右臂，顾炎武幸免于难。

昆山陷落不久，常熟也被清兵攻破。此时，顾炎武嗣母王氏在常熟语濂泾避难，得知县城失陷，便开始绝食，

明清之际顾炎武奉嗣母避居之语濂泾

共断食 15 天，至七月底离世，临终嘱咐顾炎武读书隐居，不仕二姓。

在办完嗣母丧事后，顾炎武继续投入南明抗清战争。有证据表明，顾炎武一度追随过统率抗清义军转战于太湖一带的吴昜，似乎是以谋士身份参与了吴军的抗清活动。《顾亭林诗文集》中记载了《上吴侍郎昜》一诗，作于清顺治二年（1645）底，当时已被南明鲁监国（按：清顺治二年闰六月二十八日，明宗室鲁王朱以海称监国于绍兴）任命为兵部侍郎的吴昜还在太湖一带抗清。这首诗题曰“上”，表示顾炎武此时是吴侍郎的下级，以下级身份献诗于上级；诗的内容涉及军事，诗中“作气须先鼓，争雄必上游”“莫轻言一战，上客有良谋”等句，都是以谋士口气对吴侍郎所献之言。

吴昜是明末崇祯进士，南明弘光初曾投靠镇守扬州督师江北的史可法（兵部尚书、武英殿大学士），被可法任命为兵部主事，充当监军。第二年奉命赴江南筹集粮草，还未回来，扬州就被清军攻陷，于是率船队开赴家乡，与同县举人孙兆奎，秀才沈自炯、沈自炳兄弟等举兵抗清。起义失败后，吴昜退入湖中，以计降服了松江盗首沈潘及其徒众，组建起一支兵舰百余艘、战士千余人的水师，驻扎在太湖长白荡，经常出没附近州县，趁机偷袭、骚扰清军，严重阻碍了清军征服江南的战争进程，一时成为清军心头大患。清军入湖征剿，又被吴军击败，死伤惨重。南明鲁监国闻捷，任命吴昜为兵部侍郎，并封以长兴伯。八月二十四日，吴军出战于塘口(今常熟谢桥镇)，获舟20艘，次日大雨，被清兵击败，吴昜父亲吴承绪、妻沈氏及女皆溺死，一军尽覆，只有吴昜孤身脱险。第二年春天，乡人周瑞聚兵长白荡，清巡抚发兵征讨，800清兵都被周军杀灭，周军声势大振，于是迎吴昜入营。吴昜再次入主长白荡，趁吴江城内闹灯会，率兵第三次占领吴江城；五月又攻克嘉善，擒杀清守将；六月暗访嘉善同志时，因仇人告密，吴昜被擒，不久就义于杭州草桥门。

在吴昜牺牲前，顾炎武除了以某种方式参与吴军抗清

护卫家乡

活动，在路振飞（1590—1647，字见白，号皓月，直隶曲周人）推荐下，还与南明隆武政权建立了联系。路振飞在明末崇祯年间曾任淮扬巡抚，对当时被禁锢于凤阳高墙内的唐王朱聿键多有关照。南明弘光时，唐王获赦。弘光元年（清顺治二年）五月，南京陷落，弘光帝在出逃途中被清兵俘获。闰六月二十七日，唐王在福州称帝，改福州为天兴府，以这一年为隆武元年，标志着南明隆武朝建立。隆武念及旧恩，下诏征路振飞担任都察院左都御史。此时路振飞已全家搬迁到苏州东山，接到诏书，他立马带上幼子赴闽就职，十一月被拜为太子太保、吏部尚书兼兵部尚书、文渊阁大学士。

路振飞迁居东山是在明崇祯十七年（清顺治元年）五六月间，顾、路相识并结交为友就是在这随后的一年多时间里。通过交往，路振飞知顾炎武才学横溢，有文韬武略，所以到天兴府任职不久，便向隆武推荐顾炎武。第二年春天，顾炎武接到隆武诏书，内容有两件事：一是任命顾炎武为职方司主事，二是命令顾炎武纂修国史（明史）。随后，顾炎武曾想带上族父顾咸正赴闽，因为道路不通等缘故，没能去成。《顾亭林诗文集》中所记载的《庙号议》《庙讳御名议》就是当年顾炎武遥奉隆武时所作。《庙号议》写于作者得知唐王新立于福州时，对弘光时礼部尚书顾锡畴所拟有关人员的谥号提出了修改意见；《庙讳御名议》是在接到隆武命令他纂修国史的诏书之后写成的，为纂修国史中的避讳问题提出了一些建议。

顺治四年（1647）四月，松江提督吴胜兆因为密谋叛清的事情泄露而被杀，他麾下将校 27 人全都被诛，大批直接和间接相关人员也遭受株连，顾炎武挚友杨廷枢、陈子龙，族弟顾天逵、顾天遴兄弟以及他的族父顾咸正等都因此而死。这些亲友遇难后，顾炎武作诗悼念他们，留存至今的有《哭杨主事廷枢》《推官二子执后欲为之经营而未得也而二子死矣》《哭顾推官》《哭陈太仆》。其中《哭陈太仆》一首的内容表明，陈子龙在遭官方通缉而四处躲藏的亡命途中，曾路过昆山并向顾炎武登门求助，但顾炎武正好外出，由其妇招待他，第二天顾炎武还未回家，陈子龙就离开了。事后，顾炎武得知他的来意，深为自己未能对前来求助的友人提供任何帮助而感到愧疚难当。

同年八月，清军攻入福建，隆武政权覆灭。自此以后，未见顾炎武再有明显的从事抗清的迹象。

第四章

儒生理财

顾炎武作为江苏的一位文化名人，向来以“经师”“大儒”闻名于世，很少有人知道他其实不只会做学问，还会经商，而且有过经商之事。这位旷世大儒，不但学问做得好，经商理财也很有一套，他的理财能力在大儒中出类拔萃，罕有其比，这也是他作为“旷世大儒”的“旷世”特色之一。

一、市情商事，耳濡目染

传统儒家学者向来都重义轻利，主张“谋道不谋食”，他们对于社会经济发展的基本态度是“重农轻商”。虽然早期儒者中也有像端木赐（字子贡，孔子高足之一）这样擅长做生意以至于家财万贯的儒商，但这属于个别特例，不足以说明儒家有重商的传统。先秦儒家孔、孟、荀三子中没有重商的人，最多也只是像孔子那样没有轻商的意思罢了。至于后世，汉唐宋明的儒家文化总体上是以“重义轻利”“重农轻商”为主要特色的，宋儒更有排斥重商行为的倾向。例如陆游（1125—1210）曾立下家训，大致意思是做什么都可以，唯独不能做贪图小利之事；明代心学大师王守仁（1472—1529）也有明显的黜利倾向。当然，王学有“黜利”而不“贱商”的特点，因为他认为一个人就算整日做买卖，也不影响他成为圣贤之人。但这也并不表明他抱有重商的态度，他黜利的态度决定了他不可能重商。儒家文化中关于道德和商业的价值观念，是到了明清之际才发生重大变化的。

在前期的农业、手工业获得新发展的基础上，明朝中后期商品经济空前活跃和繁荣起来，当时东南沿海地区，特别是江南苏杭地区，商品经济最为繁荣。徽州一带，民众纷纷离乡背井，外出从商。与商人经商要走遍天下的情况不同，苏杭一带是以“居货招商”为特点，逐渐形成商贾聚集的市镇。工商业城镇的兴起与繁荣，使城镇中形成了一个队伍日益扩大的市民阶层，这个城市工商业阶层以商人和手工作坊主或手工工场为主体，也包括一些小行东和手工业者、帮工、学徒等。

与市民阶层的实业生活与消费生活相适应的是崇尚功利、重视工商、谋求私利的市民价值观。这种价值观的形成和发展，对儒家传统价值观造成了强烈冲击，导致传统价值观发生重大改变，甚至出现价值观转型的趋势。这突出表现在两个方面：一方面，出现了像“三言”（《喻世明言》《警世通言》《醒世恒言》）、“二拍”（《初刻拍案惊奇》《二刻拍案惊奇》）之类的通俗小说，这些受到市井小人欢迎和热捧的市民文学作品，直接或间接、露骨或婉转地宣扬一种与儒家传统价值观念迥然不同的爱利慕富的价值观；另一方面，出现了一批为“私利”“情欲”“工商”作辩护的儒家学者，比如，王廷相（1474—1544）提出情欲自然论、吴廷翰（1491—1559）提出义利一物论、吕坤（1536—1618）提出实用论、黄宗羲提出工商皆本论和自私自利论、傅山（1607—1684）提出实功论、唐甄（1630—1704）提出富民为功论、颜元（1635—1704）提出义利统一论……

顾炎武生长在当时全国商品经济最发达地区，江南的苏、松、杭、嘉、湖五地等这些地方均出现了一些繁华的工商业小城镇，诸如苏州的盛泽、震泽，嘉兴的濮院、王江泾，松江的枫泾、朱泾、朱家角，湖州的双林、菱湖，杭州的唐栖等。这些城镇的一切商品都用银计价，大单子交易用银锭，小笔买卖用碎银。

顾炎武的家乡千墩镇，位于昆山县城东南36里的千墩浦西岸，是当时商旅经常出没的地方。这里异常活跃的商品经济和浓郁的商业气氛，养成了当地人重利精明的性格。

顾炎武在这里出生长大，在当时的社会环境和人文环境耳濡目染的熏陶与潜移默化的影响下，他形成了尤为精明的经济头脑，为其后来开展有效的理财打下了基础。

顾炎武故乡——千灯镇

1894年修建的千灯镇顾炎武墓

重修的新墓

千灯镇顾炎武墓

二、遗田风波，假典以卖

顾炎武在浓郁商业气氛下养成的计较利害得失的经济头脑，很大程度上影响了他为人处世的方式，对他的人生经历产生了至深影响。就“恋田宅货财”（顾炎武语）这一点而言，他在处理许多事情上都体现得相当明显而充分，他也曾为此饱经忧患，备尝艰辛。

顾炎武一生中首次独立操办的一件经济大事，就与他“恋田”深有关系，对他后来的人生经历产生了深远影响——那就是崇祯之末典卖嗣祖遗田之事。归庄在《送顾宁人北游序》中详细地叙述过这件事，其中说到缘由是因为顾炎武本来出身世家，崇祯末年，他的嗣祖父顾绍芾和兄长顾缃先后去世，同时经历丧事又逢荒年，赋税徭役繁重，顾炎武便把祖上遗留下来的800亩田产典当给叶公子。叶公子，是指叶方恒（1615—1682，字眉初，又字敬默，号学亭），他的父亲叶重华是崇祯元年进士，官至太常少卿；伯父也是一位达官贵人。叶方恒本人是崇祯十五年举人，入清后又考中顺治十五年进士，官至运河同知推佥事，分守山东济宁。他在济宁任职四年，对百姓颇有恩惠，却避而不谈功劳。他对于山东运河兴废和黄河修防事宜颇有见解，著有《山东全河备考》一书。但他在做官之前，却不像当官后那样恩泽百姓，而是一直仰仗父亲和伯父的势力横行霸道。那么，顾炎武为何将这800亩的巨大田产一次性典押给这么一个为富不仁的家伙呢？归庄说，这是因为顾炎武同时经历丧事和荒年，赋税徭役繁重。但是根据《顾亭林诗文集》中《答再从兄书》一文，可以得知顾炎武典卖田产之事其实与顾维有关，是因为顾家宗族内部矛盾。虽然不知这矛盾究竟是为何而起，可以肯定的是，这矛盾在顾炎武嗣祖顾绍芾在世时就已经存在并逐渐激化了，所以当顾绍芾离世不久，家中的困难便不断出现。

至崇祯十四年（1641）春，又是顾维与一位名叫顾叶墅（顾炎武称为从叔父的本族人）再次制造家族麻烦，导致顾炎武室庐被烧。第二年，顾炎武胞兄顾缃不幸英年早逝。顾缃（？—1642，字遐篆，崇祯癸酉乡试举人）在当地也算是一位头面人物，他的逝世让顾炎武已然衰落的家势雪上加霜。此时，顾维一伙人想趁机夺占顾绍芾遗留下来的田产，使得顾炎武不得不提前采取行动，将遗田典卖给别人。

其实，如果顾炎武真是急需钱财而典押田产的话，他不必一次性典押 800 亩，即使有此必要，他也未必会典给一个乡间恶霸，毕竟典押总是要建立在当事人互守信用的关系基础上。但像叶氏这样一直横行乡里、仗势欺人的豪绅，当然没有信誉可言，也很难想象顾炎武会认为这种无赖是守信之人，并放心在典押价格只有田价一半的情况下将如此巨额田产一次性典押给他。但如果典押田产对顾炎武来说仅仅是名义，是借典田之名而行卖田之实的话，上述做法就合乎常情了：既然顾炎武目的在于卖而且急于要卖，自然是只要有愿买且能买之人，卖给谁都可以了。

顾炎武典卖遗田的行为表明他处事果断精明，如果遗田没有及时卖给别人，一旦被家族中仇人强占，他可能分文不得，而且将失去后来经商的本钱。

三、剃发行游，隐于商贾

顾炎武以典押的名义将嗣祖遗田卖给叶方恒时，完全没有想到，因为顾叶两家田亩毗邻，早在顾绍芾在世时，叶氏就对顾家田产心存觊觎，所以叶氏压根没打算为典押的田产付钱。直到顾炎武百般请求，他才极不情愿地付给

镇顾炎武故居亭林祠

千灯镇顾炎武故居大门

顾炎武十分之六的欠款，其余欠款他是绝对不愿再付了。但是，顾炎武对本该属于自己的正当权益决不让步，一再向对方讨要债款，于是叶氏心起歹念，想要除掉这个讨债鬼。正因如此，叶氏后来利用“陆恩事件”想置顾炎武于死地，顾炎武为此险些送命。

另一方面，顾炎武典卖祖产后，家族内部纠纷并未就此平息，反而朝着更加激烈对抗的方向发展。当崇祯之末国难当头之际，顾氏家族却还在内讧，顾炎武的仇家依然在寻机加害于他，以至于等到顾维死于乙酉之难后，他的儿子顾洪徽等竟然继续与顾炎武为仇，千方百计加害他。顺治五年（1648），顾炎武常熟语濂泾家中又遭劫难，这是顾洪徽干的。至顺治七年（1650），顾炎武被这些家族仇敌迫害得无法在家乡安稳度日。他在当年所作《流转》（又题《剪发》）诗中这样写道："畏途穷水陆，仇雠在门户。故乡不可宿，飘然去其宇。"因此，他不得不改变容貌，做起了买卖。

顾炎武这么做，固然是因为仇家想陷害他，导致他在故乡无法久居，但也与他从不鄙薄商人并主张农商并重有关。从崇祯末年退而读书以来，顾炎武对商品经济已有了深入研究，他专门讨论财政和货币流通问题的《钱法论》就是最好的证明，这表明他做买卖前已经有了一些经商头脑。另外，在崇祯之末的那场遗田风波中，顾炎武既破产又破财，甚至连家人也被牵连受苦。他后来经历了乙酉之难，清兵攻入，家境更是每况愈下。在这种境遇下，顾炎武要在自力更生的情况下实现丈夫志在四方的远大抱负，急需实现经济上的自食其力。而在当时没有一点房地的情况下，他不可能靠农耕谋生；他又没有一技之长，也不能依靠手工业。这些情况使他最终选择致力于商业。

根据顾炎武挚友万寿祺《秋江别思图卷自跋》的记载，顾炎武曾通过布匹贸易来赢利并且隐居于市，这与万寿祺隐居于佛门虽是不同的选择，但都很可悲。这说明顾炎武经商与万寿祺出家，都有以"不仕二姓"的消极方式来对抗清朝的政治意义。

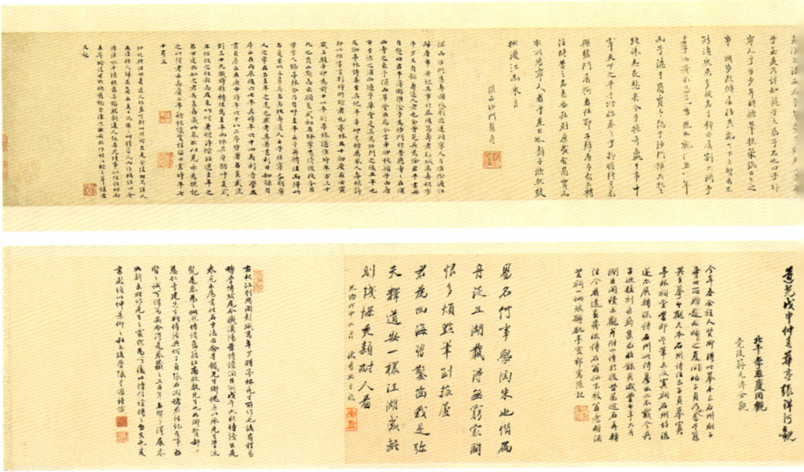

《秋江别思图卷》 清·万寿祺绘

另据笔者考证与推断，至少在顺治十年（1653）春到顺治十二年（1654）秋冬之际这将近两年时间里，顾炎武曾多次拜访药商邬继思，又跟江湖郎中郝太极（云南晋宁州人，原为明军将领，天启奢安之乱时守霑益有功，明亡后流寓吴中，在姑苏上津桥卖药为生）及无锡中医学者（《道南正学编》《南忠记》作者钱肃润之父）建立了密切联系。这些活动迹象表明，这期间顾炎武很可能做过药材生意。在战乱年代做药品生意，往往能赚大钱。何况顾炎武与中医原非无缘，他在同族中最相知的朋友、比他年

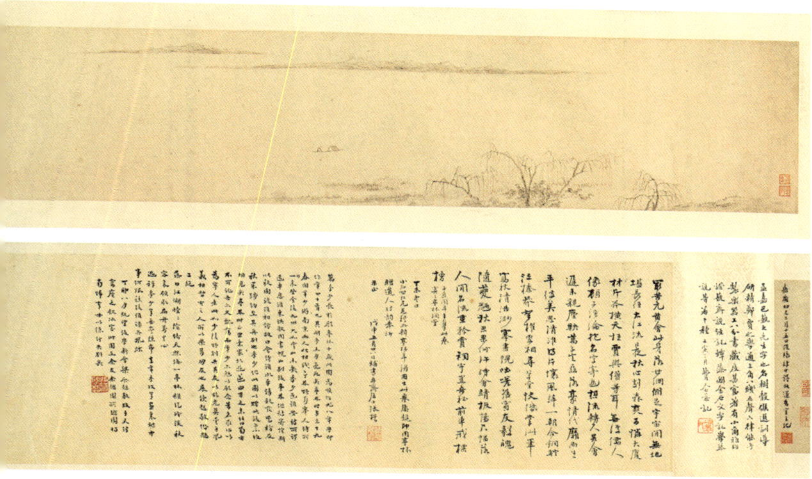

小2岁的从叔父兰服，就颇通医道。顾炎武与他关系密切，受叔父影响必多且深，对医道也应当有所耳濡目染，略知一二。所以他从事药品交易，不但极有可能，而且颇有根底来历。

后来，顾炎武北游于中国，相传他曾与山西学者傅山(1607—1684，初名鼎臣，字青竹，改字青主，又有浊翁、观化等别名)共同创办了票号。票号（亦称“票庄”或“汇兑庄”）之类的业务经营是当时民间高利贷资本活动的一种具体形式，顾炎武是否确实创办了山西票号，不得而

匿迹商贾

知。但是，他确实从事过高利贷资本活动：他北游后，在山东曾以抵押借贷形式放款千金给章丘豪绅谢长吉（字世泰），当时谢氏作为借贷方是用他的庄田作抵押，后来谢氏因为借款被他人所骗，他的庄田便归顾炎武所有了。正是这 10 顷庄田，成了顾炎武后半生主要的衣食来源。

四、章丘田产，管治有方

顾、谢二人究竟通过什么途径、在什么地方相识，无从考证。然而，所有可以参考的史料足以表明，他俩之间只有金钱交易，并无特殊的私交关系。谢氏生平经历，如今无从得知，只知他原是山东章丘县一个田庄庄主。他向顾炎武借贷千金，是要利用这笔借款来牟利，而顾炎武放贷千金也是为了赚钱。当时的这种高利贷资本的主业务放款形式之一——抵押放贷，即以借贷方（谢氏）用不动产（庄田）作抵押来进行的放款，假如借方不能向贷方如期偿还借款，贷方便获得借方抵押物的所有权。顾炎武从事的这种高利贷经营与商业经营虽然不是一回事，但足见他精明的营生头脑，难怪史书上也称赞他善于理财。

顾炎武北游以后的理财活动，基本是围绕章丘地主谢长吉因逾期未还贷款而偿还给他的 10 顷庄田展开。庄田位于山东境内长白山下，具体位置在此山西南麓章丘境内一个名叫大桑家庄的地方。庄田正式归于顾炎武名下，是在康熙四年（1665）春夏之际。但事隔不久，庄田原主谢氏就反悔了，并为讨回庄田而阴谋设局，导致顾炎武被卷入莱州“逆诗”案，一度锒铛入狱，在济南府狱内外足足折腾了一年多，直到康熙八年（1669）四月才彻底撇清关系。经府衙审理，将被谢长吉强行夺占的那 10 顷庄田重新判归顾炎武，暂以顾炎武外甥徐元文 (1634—1691，字公肃，号立斋，乾学三弟) 之名管理。

在刚结案时，顾炎武曾动过将庄田转售他人的念头，打算一旦转售成功，马上回到南方。当时这卖田主意出自顾炎武的友人张尔岐（1612—1677，字稷若，号蒿庵，山东济阳人，著有《礼仪郑注句读》等），顾炎武《答张稷若书》曾记载此事。但庄田最终没能卖成，从顾炎武在信中向张氏述说的缘由来看，可见他既不愿自己承受经济损失，也不想把庄田糊涂地交付他人。由此可以看出其实顾炎武平时的为人是介于“俗人”（小人）与“高士”（君子）之间，在处置关乎经济利害得失的事情上，他的态度与方式更像甚至就是个俗人，一个头脑异常精明的人。后来，顾炎武一直都没有将庄田卖出去。究其原因，大致有两点：其一，他要寻找一个适当的时机和合算的价格将庄田售出，所以他一直患得患失，举棋不定。其二，他要留着田产作为自己能够自食其力、保持生活独立、不依靠别人的经济基础。他在《刘禾长白山下》（1674）一诗中就有“食力终全节，依人尚厚颜”之句。这10顷庄田的租金也确实可以使他在经济上完全自立。

《亭林入陕图》 赵宗概绘

在上述两个原因中，后

者是主因。因为他的经济生活依赖于这份产业，所以他在康熙十六年（1677）以前，庄田管理基本上是由他自己亲力亲为，虽然在此期间他也经常出游，但根据地还是章丘大桑家庄。

康熙十六年三月，顾炎武从北京回到章丘，这也是他一生中最后一次回到章丘。此时，他已经决心离开山东，到陕西安家落户。在此之前，还在康熙十二年（1673）写作《山东肇域志》时，他就有此打算，并计划将章丘田产变卖。后来因为没有找到可售之主，庄田没有卖成，但他西行读书的计划照旧进行。康熙十四年（1675），他在山西祁县时决定在此定居并建造书院，并获友人戴廷栻(1618—1691，字枫仲，号符公)赞助。大约同年冬天，书院落成，顾炎武从山东取了家中许多藏书移至祁县。两年后，又将其书籍移至陕西华阴。在庄田转售还未成功，但计划西行读书之际，顾炎武将庄田委托给了章丘县令，由县令代管。他先是委托给徐县令，徐氏被魏氏接替后，又委托给魏县令。

徐县令与顾炎武外甥徐乾学（1631—1694，字原一，号健庵，元文长兄，康熙九年探花，以编修入翰林，康熙十四年迁赞善，康熙二十四年擢内阁学士）有非同寻常的私交，所以他对顾炎武所托之事非常上心，顾炎武曾经致函盛赞他对庄田之事尽心尽力。只是不久后，徐县令便被调到外地任职去了。康熙十五年（1676），章丘新县令魏某到任，顾炎武又将庄田管理业务委托给魏某。此时顾炎武主要在京城一带活动，长住在外甥徐乾学家，偶尔也到侄子顾洪善（1642—1681，字达夫，号柏亭，顾炎武三弟缵长子，兄缃嗣子，康熙十五年进士，授内阁中书）家小住。顾炎武对新来的这位魏县令似乎不很放心，常致函询问叮咛。从顾炎武的信函中透露出的一些信息，我们能大致了解顾炎武的庄田管理模式。

管理层级：庄主（庄田所有者顾炎武）→执事（受庄主委托主管庄事的章丘县令）→庄头（由执事招纳的主田承包经营者）。

管理职能：（1）庄主职能：以一定数额钱币聘用执事，每年向执事收取一定数额租银（至少为160两）。（2）执事职能：主管“收租办课”，具体负责与庄头签订“揽状”（又称“甘结”，相当于承包合同，核心内容是庄头承诺每年向庄主交纳定额租银），并按“揽状”向庄头收取定额租银。（3）庄头职能：具体“办课”（处理庄田经营事务），并每年向执事交纳“揽状”所定的租银。

顾炎武这套庄田管理模式与他在康熙初年所作《郡县论》中所提的“寓封建之意于郡县之中”的政改方案在管理理念和思维方式上颇相类似，前者或许可被理解为就是根据后者设计出来的一套农耕经济管理方案。

第五章

遗民风范

汉语“遗民”一词有多种含义，其中一种含义是指改朝换代后仍效忠前一朝代的人。这里仅在这个意义上使用“遗民”一词。

中国历史上最早也是最著名的遗民人物是殷周之际的伯夷和叔齐。后世像伯夷、叔齐这样具有遗民风范的人，最著名的就是宋元时期诗画家、《心史》作者郑思肖（1241—1318）。郑思肖之后的遗民人物以清初明朝遗民数量最多，其中最杰出的当数王夫之（1619—1692）、傅山（1606—1684）、李颙(1627—1705)及黄宗羲、顾炎武等人。

中国古代遗民都是忠君者。那时，一国君主就代表整个国家，忠君即意味着爱国。历代遗民的忠君爱国行为，世世代代都受到整个社会的道德褒奖，这足以说明，中国古代有崇尚忠君爱国的道德传统，遗民在古代中国历史上享有特殊崇高的地位。例如《史记》中《伯夷列传》被置于“列叙人臣事迹”的《列传》之首就说明，至少在司马迁心目中，遗民是“人臣”中的佼佼者，历史地位仅次于君王。

顾炎武对历史上的遗民极为敬重，顺治十五年（1658）也就是他北游的第二年，就前往永平（今河北卢龙县）登孤竹山谒夷齐庙，并赋诗《谒夷齐庙》一首，有云：“甘饿首阳岑，不忍臣二姓。可为百世师，风操一何劲。”这表明了他学习和发扬伯夷、叔齐遗民风操的心迹与志向。直到晚年，顾炎武又从旧书中翻出《心史》，以郑思肖的遗民节操来进行自我激励，于康熙十七年（1678）作《井中心史歌》一诗：“天知世道将反覆，故出此书示臣鹄。三十余年再见之，同心同调复同时。”

但是，顾炎武作为生活在清朝的明朝遗民，具有区别于一般遗民人物的独特的人格特征，即他不像一般遗民人物那样独善其身、自绝于当朝，断绝跟当朝官员的往来联系，而是同许多清朝官员都建立了较密切的交往关系，借助这种关系来成就他的经世学问。

这种独特的遗民风操与顾炎武坚持既“耿介”又“知

权”的处世哲学密切相关。他曾说过：“读屈子《离骚》之篇，乃知尧舜所以行出乎人者，以其耿介。”“同乎流俗，合乎污世，则不可与入尧舜之道矣。”“耿介”就是为人刚方，做人有原则底线，绝不随波逐流、与世俗同流合污。顾炎武将持守“耿介”上升到尧舜治国方针的高度。但是，他又认为，遇事如果只知坚持原则，缺乏灵活性，是不知变通的呆板做法。“耿介”与“知权”互相结合，构成了顾炎武处世哲学的辩证法。他独特的遗民人格正是他处世哲学辩证法在生活实践上的体现：不臣二姓，不跟清朝合作，这是“耿介”；不公开对抗清朝，为成就自己的学问事业，有选择地结交一些仕清学者，这是“知权”。

一、游于逃社，狱讼松江

隆武政权覆灭后，顾炎武曾秘密写信给郑成功，试图与海上抗清武装力量取得联系，但未获成功；然后又尝试从海道进入福建投靠南明鲁王政权，也未成功。于是他暂时隐居太湖，继续从事《天下郡国利病书》的写作。这期间，顾炎武曾流转于江南各地，并在顺治七年（1650）参加了吴江惊隐诗社（又名“逃社”，也称“逃之盟”），社内成员都是明朝遗民，他们组建诗社，以诗来表达忠于明朝的遗民心境。康熙二年（1663），社中骨干潘柽章、吴炎因受南浔庄廷鑨“明史案”牵连而被当局所杀，诗社便于第二年终止了活动。潘、吴遇难后，顾炎武曾作《祭吴潘二节士诗》，以“一代文章亡左马，千秋仁义在吴潘”之句给予这两位遗民极高评价，并将孤苦无依的潘耒（1646—1708，潘柽章弟，字次耕，又字南村，号稼堂）收为弟子，对他悉心照料和精心培养。

顺治九年（1652）春，《天下郡国利病书》初稿已完成，顾炎武决定去北方游学，但就在这时，发生了“陆恩事件”。陆恩是顾家三世之仆，他见顾氏家势日衰，便产生叛逆之心，转而投靠曾与顾炎武在经济上有过纠葛并且积怨甚深的豪绅叶方恒。这位心机颇深的家仆，还掌握着主人的“机密”：顾炎武早先曾给郑成功写过一封密信，托一位僧人

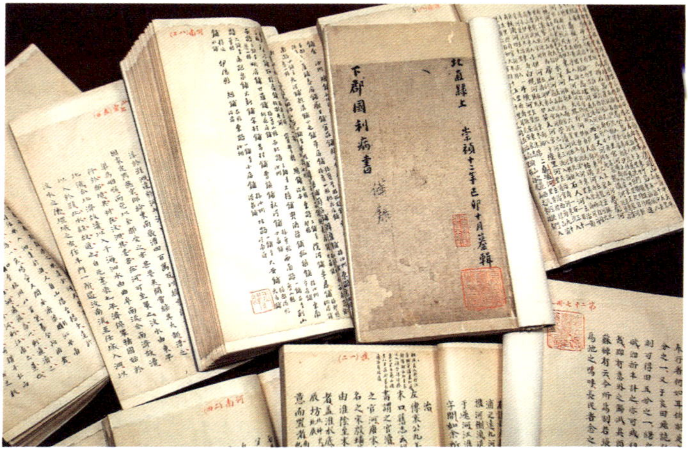

《天下郡国利病书》稿本手迹 南京图书馆藏

送到海上，陆恩得知此事，暗中从僧人手中买来这封信后藏了起来。直到投靠叶家，他便向叶氏透露了顾炎武的不轨之举，于是叶氏唆使陆氏，故意放出自己将告发顾炎武“通海”的风声，以此逼迫顾炎武畏罪潜逃，免得顾炎武继续为遗田之事再来向他追讨欠款。当时，顾炎武因为家族内部矛盾激化，无法在家乡安身，暂时客居南京钟山之麓。他得知陆恩叛逃叶家并要告他“通海”的消息后，惊恐万分，匆忙赶回昆山，招来亲友，设法擒住了陆恩，并将他沉入水中，这件事发生在顺治十二年（1655）五月。

陆恩一死，他的女婿请求叶方恒出面为陆氏打官司，于是，叶氏派人将顾炎武抓了起来。但他们并没有将顾炎

怒惩恶奴

武押送官府，而是将其囚禁在陆家，胁迫其自杀。在这种情况下，归庄曾向钱谦益求救，但无疾而终。最后，由路振飞长子路泽溥出面，托熟人才将顾炎武从陆家解救出来，并移交松江府处理。松江府以顾炎武杀了有罪家奴的罪名，给了顾炎武"拟杖"处罚，便了结了此案。叶氏得知顾炎武获释，气急败坏，派出刺客追杀。顾炎武孤身一人骑驴逃往南京，直到太平门外被刺客追上，头部被刺伤，从驴背上翻落下来，还好路人及时相救，才得以逃脱。与此同时，陆恩女婿在叶氏指使下，纠集数十人，将顾家洗劫一空。顾炎武自知与叶氏打官司实在力不胜任，于是下定决心远走他乡。

二、受累诗狱，蒙难济南

顺治十四年（1657）秋，顾炎武开始了他后半生的北游历程。他首先来到了山东莱州，在这里先后与当地名士赵士完（明辽东巡抚赵耀之孙，吏部尚书赵焕侄孙，太仆寺卿赵胤昌第四子。明崇祯五年举人，明末弃家南下，曾任南明隆武政权兵部侍郎兼东阁大学士，后北归，隐居不出。著有《仆庵集》）、任唐臣（字子良，掖县人，明贡生）订交，并相继结识了钱大受（掖县人，明崇祯汝州知州钱祚征公子）、黄培（1603—1669，字孟坚，号封岳，即墨人，明万历兵部尚书黄嘉善之孙）、黄朗生（即墨人，明

离乡北上

顾炎武北游所到之处

天启进士，崇祯初御史黄宗昌长子）和之前复社成员张允抡等人。随后到了济南，他又结识了明末诸生徐夜（1611—1683，字嵇庵，又字东痴，新城人）和张尔岐（“济阳八大贤”之一）。第二年，顾炎武经过泰安，到过兖州，游历了邹县，来到邹平，结识了当时被人们以“马三代”相称的著名历史学家马骕（1621—1673，字宛斯，一字骢御，邹平人。清顺治间进士，曾任淮安推官、灵璧知县。著有《绎史》《左传事纬》等），并与马骕一起参与了《邹平县志》的校订。

修订完《邹平县志》不久，顾炎武回到济南，旋游京师、京畿一带。顺治十六年（1659），郑成功、张煌言沿江进击南京，虽然最终失败又退归厦门，但这次军事行动对大江南北造成了巨大震撼。顾炎武在当年秋天从山东匆匆南下到扬州，后立刻又北上天津，原想入海前往闽、浙，

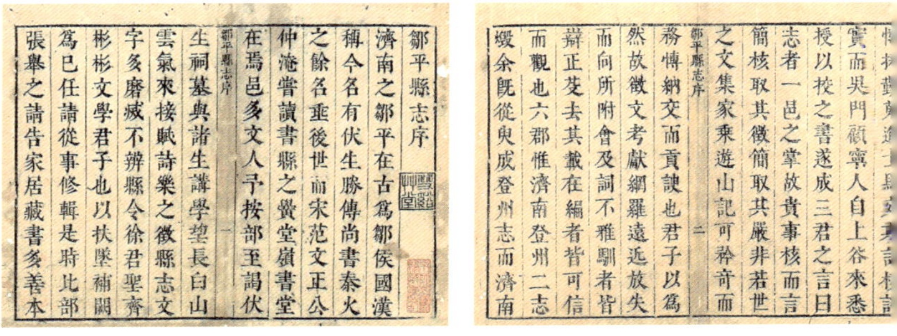
鄒平縣志序
濟南之鄒平在古爲鄒侯國漢稱今名有伏生勝傳尚書秦火之餘名垂後世而宋范文正公仲淹嘗讀書縣之黌堂嶺書堂在焉邑多文人予按部至謁伏生祠墓與諸生講學堂長白山雲氣來接賦詩樂之徵縣志文字多磨滅不辨縣令徐君聖齊彬彬文學君子也以扶墜補闕爲已任請從事修輯是時比部張舉之請告家居藏書多善本

鄒平縣志序 一

實而吳門顧寧人自上谷來悉授以按之書遂成三君之言曰志者一邑之掌故貴事核而言簡核取其徵簡取其嚴非若世之文集家乘遊山記可矜奇而務博納交而貢諛也君子以爲然故徵文考獻網羅遠近放失而向所附會及詞不雅馴者皆辯正芟去其載在編者皆可信而觀也六郡惟濟南登州二志燬余既從與成登州志而濟南

鄒平縣志序 二

《邹平县志》书影（序、疆域图）

因为没有船便不能去。第二年秋天，他回到南方，先到南京，次年春天回吴门，旋往杭、越，想与海上抗清武装力量取得联系，但经过数月活动后他感到形势不容乐观，所以在拜谒禹陵、悼念宋六陵时，才吟出了“望古频搔首，嗟今更抚膺。会稽山色好，凄恻独攀登”、“海水再桑田，江头动金鼓。蹑屩一迁逡，泪洒攒宫土”这样悲伤的诗句。

康熙七年（1668），顾炎武客居北京，二月十五日在寓所慈仁寺听闻山东有案子与他牵连，于是匆匆南下，到济南府自动向府衙投案，以便争取主动，达到自保的目的。

此案最初与顾炎武无关，是由于莱州即墨黄氏与家仆之间恩怨关系引发的。黄嘉善（1549—1624，字惟尚，号梓山）是明万历四年举人，第二年考中进士，官至兵部尚书加太子太保，褒赠“四世一品”。万历四十三年（1615），他因病回到故乡。在还没有出来做官的万历初年，黄嘉善还是秀才，一天出门，遇到一位自称来自莱阳的姜姓小乞丐，黄嘉善看他衣衫褴褛，又得知其父母早亡，便动了恻隐之心，收他为家仆并养育他。等他长大成人，为他取名黄宽，又帮助他娶媳成家，此后还供黄宽长子黄瓒读书。黄瓒倒是很有出息，在明天启七年（1627）考中了武举人。黄瓒的长子叫作元衡（字玉璇，一字玉璿，号默庵），他在顺治六年（1649）考中进士，榜名黄元衡。黄元衡祖父本是黄氏家奴，他考中进士后，未经当时黄家主人黄培同意，便私自上书朝廷，改回了姜姓。此事让黄家人感到不开心，以此跟姜氏逐渐产生矛盾。后来姜氏因为贿赂被降级，许多年得不到升迁，又不时遭到黄家人白眼，因此怀恨在心，伺机报复。康熙四年（1665）春，黄培内从弟蓝溥（字天水）的儿子启新与黄培的儿子贞明因事发生争执，彼此互不相让，闹得不可开交。而身为长辈的蓝溥，非但不从中调解，努力化解矛盾，反倒帮着儿子，对黄家父子耍横，斥责黄培。此外，蓝溥又从《含章馆诗集》（黄培著）中摘抄了若干句子，作为黄培藐视国家和欺君之罪的凭证，将他告到了县府。这件事为姜元衡报复黄家创造了客观条件。康熙五年（1665）六月，蓄意报复黄家已久的姜元衡联合金桓、杨万晓，一起指控黄培等14人写“逆诗”。于是，在周有德（山东总督朱昌祚、巡抚）的主持下，清朝廷正式开始审理黄培诗案。

就在审理此案当年的春夏之际，顾炎武作《寄刘处士大来》诗一首，其中有“山东不足居”之句，表示他想要离开山东。不久，他就出发往山西方向去了。他先是到了河北曲周，继往太原，在太原东郊与朱彝尊（字锡鬯，号竹垞，又号驱芳，晚号小长芦钓鱼师，又号金风亭长，浙江秀水人。明万历十一年状元、官至少傅兼太子太傅朱国祚之曾孙，清初著名诗人、词人）相识订交。随后，顾炎武于六月抵达雁门。不久，他与友人李因笃等20多人募集资金，在雁北的北边开垦荒地。当时，顾炎武颇有一番拓荒创业的雄心，想在此久留下去，为发展这里的农业生产开创一片新天地。但是经历一番实际体验后，他切身感受到这里日子太过苦寒，不能久住。当年秋冬之际，顾炎武赶到山东东昌，与友人程先贞(字正夫,号蒠庵,德州人,著有《海右陈人集》)相会，并继续游历泰山，并在兖州过年。第二年春天，他先有淮上之行，夏秋之际又到达京城，直到九月，又往山东，留住德州程先贞家。后来，顾炎武又到李涛（1645—1717，字紫澜，号述斋，康熙三年进士，曾知山西解州芮城令。康熙十五年入翰林，官至刑部侍郎）家过了年，回到京城，住进了慈仁寺。正是在这里，康熙七年（1668）二月十五日，顾炎武听闻山东有与

雁门垦殖

《顾炎武先生耕作图》赵宗概绘

自己牵连的案子。但当时距山东督抚对黄培诗案的开审已近两年，为何还会牵连到顾炎武呢？

原来在清朝，“以奴告主”不被法律所容，姜元衡当初是受他人鼓动，一时燃起了报复黄家的欲火，激愤之下可能并没有考虑到这一点，以致事情闹大，震动整个山东，连总督、巡抚都被惊动，并亲自过问此事。正式立案审理时，姜元衡才回过神来，想起了自己的行为与其仆人身份之间的关联，意识到自己的行为有可能是杀敌一千、自伤八百，于是又向当局告发《启祯集》（又名《忠节录》）一书，这才导致了包括顾炎武在内的300余人全被牵连。顾炎武推断，姜元衡原本与这300余人无冤无仇，之所以这么做是受谢长吉唆使。姜氏想借告发《启祯集》之事自脱罪名，谢氏想借此除掉顾炎武，以达到占收田产的目的。

据实说，顾炎武与《启祯集》的确是有关系的：一是该书作者陈济生是他嫡亲的二姐夫；二是该书明文写有“晚与宁人游”一句，名字前虽无顾姓，但明眼人一看就知道“宁人”就是顾炎武。顾炎武一听到自己跟此案有关系，很快就明白其中利害，决定自动投案，以争取主动，同时立刻写信通知向来有豪侠之气的关中挚友李因笃，让他调动所有社会关系来为自己周旋，并写家书向昆山亲友紧急通报，催促外甥徐元文（顺治十六年状元，授翰林院修撰。康熙八年迁秘书院侍读，翌年迁祭酒，充经筵。十三年进内阁学士，兼礼部侍郎）赶紧北上营救，他还特别叮嘱徐元文“持辇上一二函至历下”，认为这样大有帮助。李因笃在得知顾炎武涉及诗案之事后，奔走三千里求助其他友人，一起营救顾炎武。正是在亲友们的共同努力下，特别

济南蒙冤

是徐元文亲自到济南疏通关系，和朱彝尊（与当时山东巡抚有交情）以及他的表兄谭吉璁（1623—1679，字舟石，号洁园，时任宏文院撰文中书）等人及时出手相助，顾炎武才终于摆脱危机。但案主黄培最终被御批处死，据说他临刑前还从容作诗，吟诵结束便引颈就戮，堪称烈士。

三、坚拒朝聘，避居关中

顾炎武身为遗民，以伯夷为师，继承他"不忍臣二姓"的遗民风骨，但是他又不是像伯夷那样消极遁世，而是乐观地生活、积极地谋事、策略地处世。

顾炎武崇尚儒家，信仰"仁道"，对以"礼"为本质特征的华夏文化高度自信；他认为华夏文化是"性与天道"的体现，比其他异族文化更有天然的优越性。因此，他是以儒家"夷夏之防"的观念来看待和理解当时居统治地位的"夷狄"（清贵族）及其文化，感到自己生活在乱辱天人之世，有隐痛难忍的民族屈辱感，又为民族文化受到破坏深切忧虑。此时，还能让顾炎武保持乐观生活态度的，是他通过精研《周易》得以确立的"物极必反"的信念。他以"物极必反"规律来思考，认为清王朝兴盛到一定程度，就会由盛转衰；而清王朝转衰没落之时，便是华夏转盛再兴之日。身处异族统治之下而自感屈辱的顾炎武对前途充满乐观精神，坚信华夏必有转盛再兴之日。正是在这种信念的支撑下，他面对深重的民族文化危机，认为“保天下”关乎着民族存亡、文化的传承，这是每一个布衣匹夫的责任和义务。于是，他主动担当起维护华夏文化和阐扬“仁道”的“保天下”之责，自觉地将“明道救世”作为自己学问思辨与生活实践的主题和目标，并为实现人生大目标，读万卷书、行万里路，广师博学、广结人缘，以此助成他的事业。

顾炎武曾说：“人之为学，不日进则日退。独学无友，则孤陋而难成；久处一方，则习染而不自觉。”所以，为了不断增进自己的学问，广泛结交天下士人，他不得不对清朝廷作出一定妥协。45 岁北游以后，特别是外甥徐氏三兄弟在事业上得志之后，顾炎武通过他们结识了如熊赐履（1635—1709，字敬修，又字青岳，号素九，别号愚斋。顺治十五年进士，官至清朝东阁大学士兼吏部尚书，曾任《明史》总裁官）之类的许多清廷高官，这就是顾炎武对“异姓”王朝所作出的一种妥协。

但是，顾炎武同清朝官员的交往都只是局限在学术交流和诗歌唱和层面。例如，顾炎武与颜光敏（1640—1686，字逊甫，一字修来，号乐圃。康熙六年进士，由中书舍人累迁吏部郎中，充《一统志》纂修官）交往，主要是他看重这位颜子后裔有杰出的诗才，并对音韵学有很深造诣。顾炎武在删改《诗本音》过程中，曾数次以手稿向

华阴庙前村

华山西峰

颜光敏请教。再如，顾炎武跟孙承泽（1592—1676，字耳北，一作耳伯，号北海，又号退谷。崇祯进士，官给事中，后降清，官至吏部左侍郎）交往，因为看中孙家藏书甚富。康熙六年（1667），顾炎武就曾经从孙氏处借来《春秋纂例》《春秋权衡》《汉上易传》等书抄录。又如，顾炎武和汪琬（顺治十二年进士，官至翰林院编修）交往密切，是因为他们互相推崇对方的学问。汪琬曾作诗《与人论师道书》，其中提到经学方面值得推崇和学习的只有顾炎武和李因笃两位。而顾炎武曾写信向汪琬讨教“礼教”问题，对汪琬的建议深为赞同，赞其用心至深。

顾炎武在与清朝官员的交往中始终坚守自己的原则立

拒聘修史

卜居华阴

场，决不跟他们做政治交易。清廷曾屡次试图聘请顾炎武参加由官方主持的《明史》编纂工作，都被他断然拒绝。后来，顾炎武干脆远离京城，到陕西华山之麓隐居起来。

顾炎武晚年隐居华阴，主要是为了躲避清廷纠缠，同时也是因为他看重秦人在经世之学上造诣高深、品行高尚。尤其是他的“关中三友”——华阴王宏撰（1622—1702，字修文，亦字无异，号山史，著有《砥斋集》《周易筮述》《正学偶见述》《山志》）、富平李因笃、盩厔李颙(1627—1705，字中孚，号二曲，著有《二曲集》)，顾炎武将他们看作“秦人”的代表。

自从定居华阴后，顾炎武再没有回过山东，更没有再

山西曲沃——顾炎武客逝之地

客逝曲沃

入京师，只是往来于陕西、山西之间。康熙十八年（1679）三月，他开始了晚年出游时间最长、路途最遥远的一次旅行，直至当年十一月才返回华阴。他作的《五岳》诗是对这次旅行以及这 20 余年来北游经历的一个总结：“五岳何时遍？行游二十春。谁知禽子夏，昔是去官人。（自注：《汉书 · 王贡两龚鲍传》：北海禽庆子夏，儒生去官，不仕于莽。）”这里道出了他北游的缘故在于：他不肯做异国臣子，所以采取了“行游”的生活方式。康熙二十年（1681）冬，顾炎武从华阴出游山西，第二年正月病逝于山西曲沃。

第六章

通儒实学

顾炎武一生坎坷：明清鼎革之际，受到顾家内外冤家双重迫害，以至于室庐被焚，家遭劫掠，身涉险境，居无定所，一家流离奔迸；在清兵攻占江南过程中，更遭受了昆山乡亲4万人被屠、亲友多人被杀或伤、嗣母绝食自尽之痛；北游以后，又因山东诗案株连而锒铛入狱，险遭不测；为避清廷聘用而西遁关中，隐居华山之麓。

与此同时，他的人生也是丰富多彩的：早年与归庄共游复社；南明时参与反清复明活动；复国不成，隐入逃社，兼营商业；康熙年间，一度与友人在山西雁门之北开垦荒地，还多年独自经营山东长白山下的庄田……

但是，无论在他的自我意识中，还是在他人眼中，顾

《顾炎武生平事迹壁画稿》 高云绘 根据画稿制作的砖雕存放于顾炎武纪念馆

炎武始终都是一位信奉“仁道”的儒家学者。顾炎武逝世后，他的弟子潘耒编纂出版了顾炎武遗著《日知录》并作序，其中将儒学区分为“通儒之学”与“俗儒之学”，暗示了顾炎武作为儒家学者属于“通儒”，强调“通儒之学”具有匡时救世的功用，这是在彰显顾氏儒学经世致用的实学性质。潘耒此论其实是按顾炎武之意如实而发，顾炎武自己就曾说过“君子之学”是救世的明道。潘耒所谓“通儒之学”与顾炎武所谓“君子之学”实则相同，都是指知识与思想最终都要落实到为经世实践所用的实学中。

一、博学于文，行己有耻

顾炎武从少时开始，学习科举应试文章 20 年，之后学习赋诗写文，偶尔改动，记录旧事；到了 40 岁，特别想有所作为；50 岁以后专心研究经史。在这过程中，顾炎武的学术思想日臻成熟。在康熙六年（1667）所作的《与友人论学书》中，他提出了“博学于文，行己有耻”的学术原则和“非好古而多闻，则为空虚之学”的实学概念，这标志着他实学思想的正式形成。

《顾炎武先生著书图》 王锡麒绘

“博学于文”和“行己有耻”原是孔子说过的话，分别见于《论语》中《雍也》《子路》两篇，顾炎武首次将这两句话抽取出来，合在一起来概括他所理解的“圣人之道”。他阐明“为学”与“为人”的统一原理，强调学者应立为人之本，必须要做到“行己有耻”，事事挂怀天下，念念不忘为百姓做贡献，并经常反省自己的言行；以言行有益于天下百姓为荣，无益于天下百姓为耻。顾炎武也曾以这样的实学思想来训导和要求他得位从政的外甥徐元文。

“为学”是指关乎国家安定之事都是学者需要研究的学问，也就是儒家经典《大学》中所说的“修身”“齐家”“治国”“平天下”之事。在《日知录》中，顾炎武认为这样的学问是提升自我修养、切实治理百姓的实学，并抨击当时流行的阳明心学过分强调对心性的培养，忽略实际做事的能力。顾炎武从实学角度将明朝覆亡归结于天下之士中那些没有根基的人总讲空虚的学问，而这些士大夫们的无耻，其实就是国家的耻辱。

那么，作为学者的顾炎武，是怎样为人和为学的呢？

明崇祯年间，还在与归庄共游复社时，喜欢古文诗词的顾炎武就看不惯追名逐利的俗学，不想与他们同流。直到27岁乡试再度失败，又正值国家危难之时，他担忧国家处境，义无反顾地投身到有益于国计民生的实学研究中，开始撰写《肇域志》和《天下郡国利病书》。

南明之初，他受聘于福王朝廷后，精心撰述“乙酉四论”，为南明战胜清军、匡复明朝出谋划策。

清顺治年间，顾炎武将他北游京师祭拜十三陵等的诗作汇集成《北游草》（未见传本）。在顺治十七年返乡活动期间，这本书被江南遗民诗人争相传颂。《北游草》并非一般的感慨兴亡之作，顾炎武在诗中以显露无遗的忠义之姿来激励遗民。这种作诗风格也是顾诗的特点之一，他赋诗作文往往有转移人心、整顿风俗的意图，尤其北游以后的诗文都蕴寓教化之效，以达成他追求经世致用的实学目标。

为了真正做到所作之文都有益于天下，顾炎武坚持不窃取别人的言论，不与别人雷同，特别注重著述的知识创新度，这在《日知录》的撰写中表现得尤为明显。他在《日知录》（八卷本）自序中就提到撰写时如遇与前人相同意见就立即剔除，他要求自己必须立前人未曾提及的新说。他曾以“采铜于山”来比喻《日知录》的写作过程，表示自己写作进程因此进展得非常缓慢。顾炎武如此严格自律，是因为他希望有朝一日，《日知录》可以成为新起之王的借鉴与参考。假如他剽窃前人之说或者发表与别人雷同之言，又怎能指望未来王者会酌取其言呢？或者说，又怎么能指望未来王者参考他的言论呢？因此，顾炎武想要使自己的文章有益于天下，必要前提是立言新颖且合理。而要做到这一点，就必须具有自觉的知识创新意识，更要有上下求索的精神并肯坚持下苦功。这一切都有待于学者

《采铜于山》 钱笠绘

自我超越对名利的追求，达到顾炎武所说的“行己有耻”的仁道境界。

顾炎武提出的“博学于文，行己有耻”的学术原则，是基于他对当时学风的经验观察和对明朝覆亡原因及教训的反思与总结。在顾炎武看来，学者一旦陷溺于名利之中，便会丧失应有的悟性，无法把握寓于经史之中的人情物理。芸芸俗儒既然被名利所迷，那他们研究的学问也只能是一些皮毛之见，根本不能致经世之用。

作为追求经世致用的实学家，顾炎武对名利是这么看的：若是为了求利，完全可以通过别的途径来达成，而不必研究经史之学；若是为了求名，当求后世之名，而不该求当世之名。在现实生活中，顾炎武实际是这样做的：为了求利，他曾经过商，放过高利贷，还长期经营庄田；为求后世之名，他非但不求

顾炎武事迹浮雕墙在千灯镇落成，背面浮雕文字为《日知录》节选

当世之名，更逃避当世之名。他认为以谦逊的姿态立足在自己圈子里的人最受人待见，不屑与人争名夺利，甚至不愿招收门徒。事实上，顾炎武一辈子除了因特殊情况收过惨遭文字狱之祸的昔日逃社同志潘柽章之弟潘耒、明朝宗室杨谦（秦愍王朱樉九世孙朱谊汌之孙，从太祖母杨氏而冒姓杨，字伯常）之子朱烈及外甥王太和共三人为入室弟子外，从未招过其他门徒；除了康熙九年（1670）夏秋之间在德州程先贞家曾与二三同仁讲《易》之外，从未有过讲学授徒之事；康熙二十年（1681）九月，顾炎武在山西曲沃上坡韩境家，婉言辞谢友人劝其教书之邀。

在今天看来，顾炎武的一些具体做法或许有可商榷之处，但是他坚持言行统一的实学品格与诚信人格，至今仍值得我们学习和推崇。

二、训诂考证，据经论理

以“大儒”“通儒”著称于士林的顾炎武，最擅长经史。山东青州名士、文学家李焕章（1613—1688，字象先，号织斋）在《蒿庵集序》中夸赞顾炎武博学多才，精通古今经史。《四库全书总目提要·左传杜解补正》虽然对顾炎武颇有微词，但也盛赞他博览群书，精于考证。这样的评论与当时政治上盛行文字狱、学术上盛行考据学的社会环境有密切关系。撇开政治因素不谈，仅从学术方面来说，《四库提要》的评价是中肯恰当的。清代考据学者普遍推崇顾炎武，如扬州学者汪中（1745—1794）、常州学者洪亮吉（1746—1809），他们最看重的是顾炎武精于考证的本领与功绩。至民国初年，扬州学者支伟成（1899—1929？）著《清代朴学大师列传》，将顾炎武置于“清代朴学先导大师列传”之首，认为他是清代朴学（考据学）首席先导大师。这表明了在当时学界，顾炎武仍是以“精于考证”闻名于世的。

顾炎武作为学者，其学术思想属于儒学范畴。儒学本是依据“六经”（《诗》《书》《礼》《易》《春秋》《乐》）发明其中旨趣的学问，所以经学是儒学之本；离开了经学，就不能称为儒学。在顾氏儒学系统中，经学也是根本，史学是从属于经学的，是他经学研究的基本方法。

顾氏经学区别于以往经学的特点，首先是他研究范围极广，经、史、子、集都在其视野之内；其次是他把“六经”当作“记事载言”的史书来理解，充分尊重“六经”的历史原貌，绝不以私心篡改经文，由此将史学方法引入经学领域，运用史学方法来开展经学研究。顾氏史学方法的特点在于“数往”（从历史现象中探求历史规律的归纳法）与“逆推”（由已知规律推知未来事物的演绎法）的结合，以“数往”（归纳）为体、“逆推”（演绎）为用。这种方法体现在顾氏经学中，就是以“明道”为体、“救世”为用。

顾炎武是从训诂入手来进行旨在准确把握经义的经文字义考证，以及旨在合理阐发经义的经学源流考证和相关史实考证。他认为“训诂”是经学的基础，他特别看重东汉古文经学家许慎（约 58—约

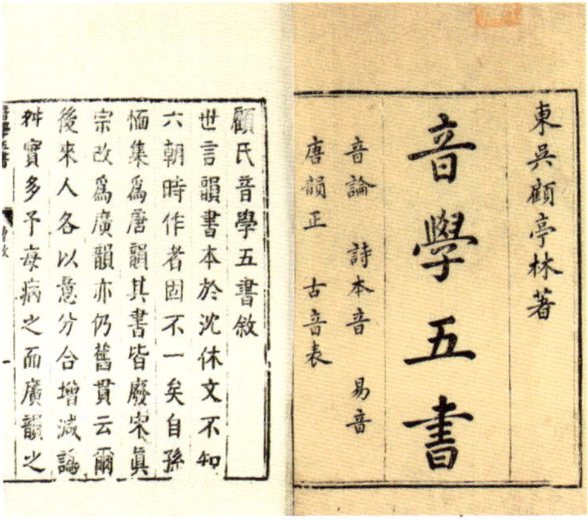

《音学五书》书影 清康熙六年（1667）符山堂刻本

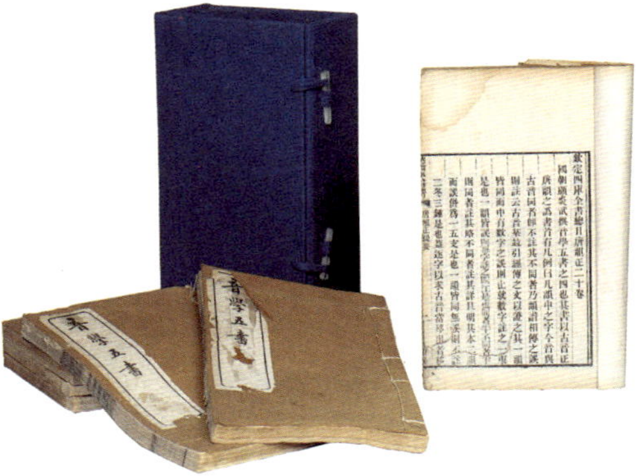

《音学五书》书影 观稼楼仿刻

147）的训诂成就《说文解字》。但许慎对字义的训释，主要是从字形方向去进行“形训”；顾炎武的经文字义考证是侧重于从字音方向来进行“音训”，并且是围绕《诗经》来开展“音训”，他的成就集中反映在《音学五书》一书中。

顾炎武通过经学源流的考证与梳理，认为经学史上最值得推崇的有三人：董仲舒（前179—前104）、郑玄（127—200）和朱熹。但他认为训诂只是“六经所传”的第一步，并非“传经”（经典诠释）；“传经”是在训诂基础上，依据由训诂得以恢复的本真面貌的正确经文来探究和阐发其中义理，由此实现儒学继往开来的发展。从这方面来说，顾炎武虽然肯定了郑玄的探赜之功，但他更认为唯有像董仲舒、朱熹这样的儒学大师才足以配称“继往开来之哲”。

因此，相比宋明理学，顾氏经学固然比较重视实证，而不像前者那样偏执于“义理”。顾氏经学是“据经论理”

之学，这也是儒学的本来面目。这种体现儒学本色的经学，重要特点之一是治学方法上“义理”与“实证”相结合。这一特点反映了顾氏经学既打通了经学内部古文派与今文派之间的学术隔阂，使二者熔为一炉；又打破了经学与理学的界限，使其浑然一体，从而使自己的思想成为真正的“通儒之学”。

作为“通儒之学”，顾氏经学的实证方法有区别于一般考据法的特点：它不局限于书斋、仅作博览群书式考证，而是主动走出书斋，直面生活世界，进行足迹半天下的类似田野调查的实地考察和广泛求证于学友的认知交往性证实。潘耒在《日知录序》中与全祖望在《顾亭林先生神道表》中都提到顾炎武足迹半天下、切身考察的经历。实际上，田野式实地考察与广师式交往实践活动的交融，正是顾氏儒学的实证方法区别于清代朴学考据法的一个独特之处。对此，顾炎武有两段关于他为学求知经历的自我总结性言论，其中阐述的道理至今仍有启迪学者的现实价值：

人之为学，不日进则日退。独学无友，则孤陋而难成；久处一方，则习染而不自觉。不幸而在穷僻之域，无车马之资，犹当博学审问，古人与稽，以求其是非之所在，庶几可得十之五六。若既不出户，又不读书，则是面墙之士，虽子羔、原宪之贤，终无济于天下。

子曰："有朋自远方来，不亦乐乎？"古之人学焉而有所得，未尝不求同志之人……一方不可得，则求之数千里之外；今人不可得，则慨想于千载以上之人；苟有一言一行之有合于吾者，从而追慕之。

顾炎武认识到，书斋里博稽群书的考据活动只能解决辨证知识真伪过程中十之五六的问题；必须走出书斋，广交学友，通过与学界同道的学术交流，才能解决余下的问题。这种可贵的认知观念不但在中国古代是一种先进的观念，直到现在也还不失其合理性，至今它对某些学者的求学思想仍有一定的正误纠偏作用。

位于昆山市千灯镇顾炎武故居的雕塑 1

位于昆山市千灯镇顾炎武故居的雕塑 2

若从一般知识论角度看，顾炎武的知识观念及实证活动其实还存在着一定缺陷，他偏执于社会人文知识的追求，轻视乃至几乎完全放弃对自然科学知识的追求。这原本也是传统儒学的一个缺陷，明清之际已有西方自然科学传入，由此导致了中西文化的初次交融，传统儒学也随之开始发生学术转型。最早受到西学影响和熏陶的一批学者如徐光启（1562—1633）、李之藻（1569—1630）之辈以及受其积极影响的一批较后起的思想家如王徵（1571—1644）、方以智（1611—1671）之辈，陆续开始反省和比较中西文化之优劣，意识到了西方自然科学对于中国社会文化发展的重要意义。他们以及同时代的徐弘祖（1586—1641）、宋应星（1587—1666？）等一大批学者，都开始关注自然事物，重视探索自然奥秘，由此改变了中国学术（主要是儒学）一向重人伦、轻自然的致知传统。这具有划时代的历史意义，显示了中国学术发展至明末清初，已有从人文类型向科学类型转变的历史征兆。遗憾的是，明清之际政治大变革扭转了这个历史转变过程的根本方向。继明清之际实学思潮而起的，不是自然科学研究高潮的出现，而是在清朝统治者引导下促成的以中国古文献（主要是儒学典籍）为研究对象的考据学的兴盛。在这历史过程中，顾炎武的“通儒之学”是相对保守的，它在客观上只是为清代考据学的兴盛起到了发凡起例的先导引领作用。

第七章

思想贡献

顾炎武向来以“博览群书”著称于世，又有“足迹半天下”的丰富经历，委实是一位“读万卷书、行万里路”的实学家。顾炎武不但有“博学于文”的扎实功力，更有“行己有耻”的高明德性与“明道救世”的伟大抱负，加以“好古敏求”的精勤思辨，终于成就了他见识广博的通儒之学，成果汇集于他的等身著作。

顾氏著作在他生前刻印行世者仅有《日知录》（8 卷，初刻于康熙九年）、《音学五书》（30 卷，符山堂刻本，由顾炎武友人张弨刊于淮阴，自康熙六年开雕，约至康熙十八年刻成）、《生员论》《钱粮论》《北游诗》《下学指南》《七经误字》7 种。另外，《左传杜解补正》是

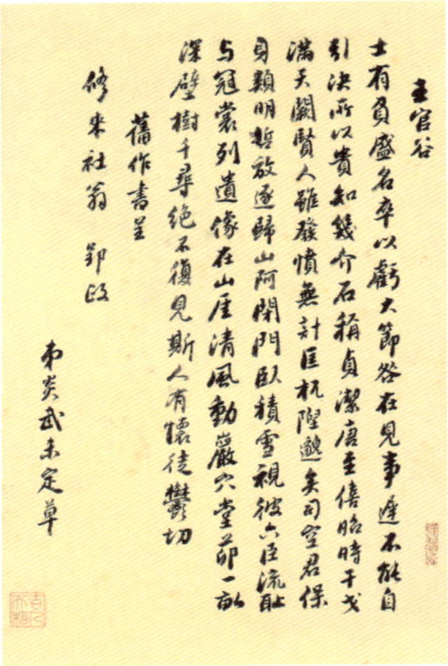

顾炎武《王官谷诗》

顾炎武《恭祝子翁诗》扇面

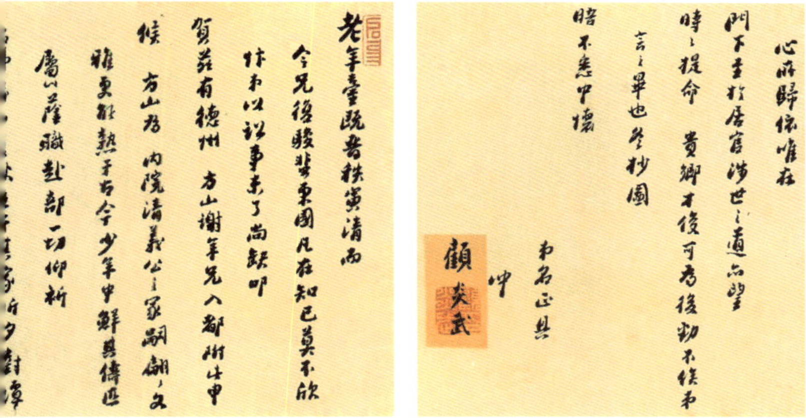

炎武手迹

由顾氏晚年结识的友人张云翼(1636—1710，字鹏扶，一字又南)捐资刊刻的，但不知刊刻时顾氏是否还在世。康熙二十一年（1682）正月九日，顾炎武病逝于山西曲沃，他的遗书文稿被外甥徐乾学、徐元文取至北京，秘不示人。但徐氏兄弟对书稿并不爱惜，有的被人取走，因此颇多遗著散失。幸好顾炎武晚年将部分手稿交由他最信任的弟子潘耒及友人李因笃保存。康熙年间，潘耒刊刻了顾炎武交由他保存的遗著，其中《日知录》的全部手稿经删改后被编为 32 卷，康熙三十四年（1695）得到福建布政使汪楫（1626—1689，字次舟，号悔斋）的资助，在福建建阳刻印，其余手稿被编辑成《亭林遗书》（凡 10 种 27 卷）也陆续刊出，与前者并为遂初堂刻本。乾隆年间修《四库全书》时，遂初堂刻本《亭林遗书》被列入抽毁书目；其中《文集》《诗集》被认为有偏颇不公的词句，《昌平山水记》也有荒谬之处，唯有《左传杜解补正》《九经误字》《石经考》《金石文字记》《韵补正》《谲觚十事》《顾氏谱系考》7种是辨正经史之书，应当保存下来。至光绪年间，文网松弛，《亭林遗书》有多种刻本，其中在朱记荣（1836—1905，字懋之，号槐庐）主持下陆续编刻印行的《亭林遗书汇辑》（1885—1906）收书最多，除遂初堂刻本10种之外，又增加14种，另附《亭林先生年谱》《亭林先生神道表》《亭林先生同志赠言》等，校刻精良。

在顾炎武的等身著作中，他看重的是《音学五书》和《日知录》，其中《日知录》最为重要，他曾自称“平生之志与业皆在其中”。

清代乾嘉考据学盛行时代，最受学者们推重的是《音学五书》，《日知录》并不受待见。如章学诚（1738—1801）曾在《与林秀才书》中提出《日知录》只是一部札记，并不能把它当成一本著作来看待。至晚清，《日知录》开始受到学者重视，如安徽学者包世臣（1775—1855）在《读亭林遗书》（道光九年，1829年）中就高度认可顾炎武及《日指录》的学术地位。事实上，至道光初黄汝成（1799—1837）编著《日知录集释》时，对《日知录》的研究已有 90 余家学者的成果，由此可知《日知录》在当时学界受重视的盛况。黄汝成之后，又先后有李遇孙、丁晏、俞樾、黄侃、潘景郑等学者为《日知录》作补校、版本考证之类的研究。

清末民初，学界泰斗梁启超研读《日知录》，他的看法前后有变化：在《清代学术概论》（1920）中，提出《日知录》是札记的性质，本不是著作，而是储备著作的资料；后来在《中国近三百年学术史》（1923—1924）中，又称它是具有意义的一种精制作品。的确，粗看起来，《日知录》中抄录他人之言占了十之七八，作者自己的思想只占十分之二三。根据陈祖武先生统计，《日知录》所征引的各类书籍，除十三经、二十一史、明历朝实录及各地府州县志外，达 179 种之多。由此看来，说它是一部储备著作资料的札记并不为过。但是深入地看，顾炎武并非随意或机械地抄录他人之言，而是经过一番精心筛选和提炼才录入书中，这些看似抄录别人著作的札记，其实是顾炎武早晚诵读、反复寻究得来的成果。

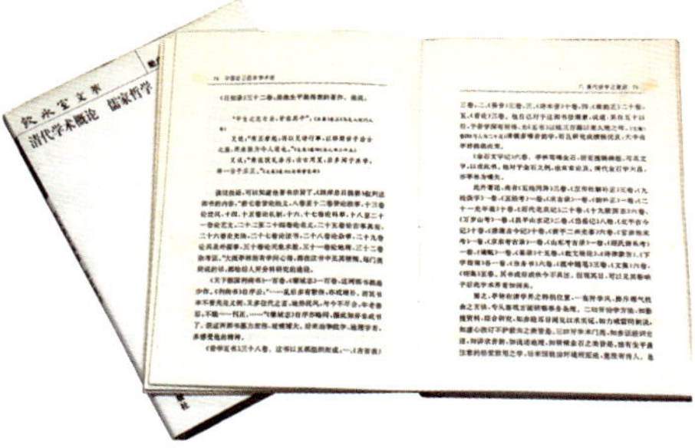

梁启超评价顾炎武原文

顾炎武之所以花

梁启超评价顾炎武书影

这么大功夫，是为了在茫茫书海中挑选出切合己意的他人之言，以便确切地借用他人之言来表达本人的思想与见解。换言之，顾炎武所采取的是一种让他人（主要是古人）为自己代言的思想表述方式，即“六经注我”。顾炎武采取这样的思想表述方式，大概是因为他看到明末王学泛滥而流于禅释，以至于“语德性而遗问学”，所以他特别提倡“道问学”，并亲自以《日知录》作出表率。《日知录》中大量引用他人之言，表明他学问广博，且“尊德性’而不忽视“道问学”；书中不取章句体例，而是萃集他人之言来阐明一个个貌似互相孤立，但其实前后有内在关联的颇具意义的问题；顾炎武总在引用别人的话之后附以自己的相关评论，起画龙点睛的作用，或者先亮出自己的观点而后引证他人之言，这说明他有融会贯通的本领，并非简单地抄录摘取。可以说，《日知录》是顾炎武为倡导“尊德性”“道问学”相统一而集成的一部典范之作。

顾炎武生前曾亲自将《日知录》编定为“经术”“治道”“博闻”三篇。从黄汝成所编定的《日知录集释》本（共1019条）内容来看，其中论经义（1—7卷）者大抵属于“经术”类，论政事（8—12卷）、世风（13卷）、礼制（14—15卷）、科举（16—17卷）者大抵属于“治道”类，论艺文（18—21卷）、名义（22—24卷）、古事真妄（25卷）、史法（26卷）、书（27卷）、杂事（28卷）、兵及外国事（29卷）、天象术数（30卷）、地理（31卷）以及杂考（32卷）者大抵属于“博闻”类。赵俪生先生（1917—2007）曾按现代学术观念将这些内容归为五类：（1）中国政治制度史和社会制度史；（2）中国上古社会史和中国古文献学；（3）地理沿革学；（4）文艺评论；（5）

日知录》32卷本书影 清康熙三十四年（1695）潘耒遂初堂刻本

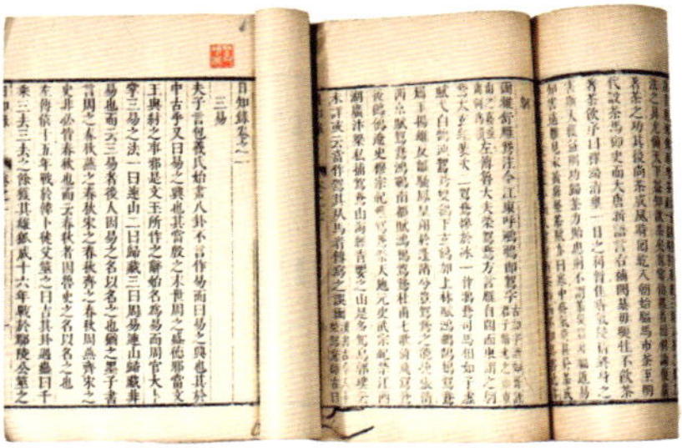

《日知录》书影 清刻本

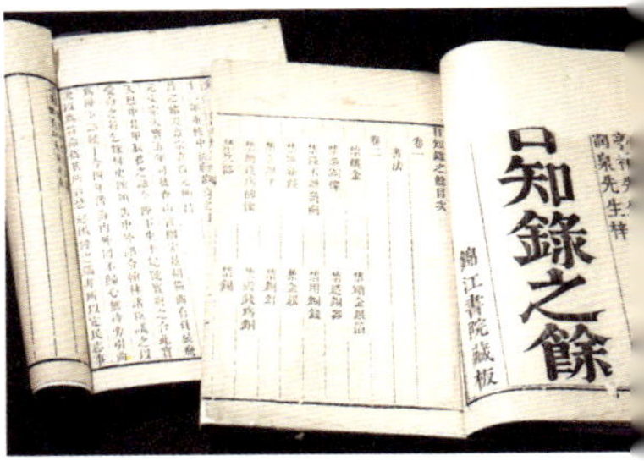

《日知录》书影 清道光十二年（1832）江书院刻本

文字、声韵、训诂、版本、目录、校勘、辑佚之学以及琐节考证。

从思想性来说，《日知录》“经术”“治道”“博闻”三部分内容中，“治道”最为重要。按当今学科分类，“治道”应属于政治学（含政治哲学）、管理学（含管理哲学）范畴，是兼跨这两个学科的综合性学问。以下根据《日知录》并参考《顾亭林诗文集》等著作来论述顾炎武的“治道”思想。

一、治理哲学：仁道为体，私情为用

顾炎武立志继承和弘扬孔孟之道，但毕竟其所处时代跟孔孟时代大不一样。明清之际，中国封建社会已发展到晚期，商品经济空前活跃和繁荣，尤其是江南苏（州）杭

（州）一带出现了一些工商业城镇和市民阶层。甚至连一向不言利或讳言利乃至反对牟利的士大夫阶层中，也出现了商人化的倾向，形成了亦商亦儒的社会潮流。这批亦商亦儒的人，以商业为主的人被今人称作“儒商”，以儒业为主的人可称为“商儒”。顾炎武也曾一度经商，大致是可以被归入“商儒”一类。像顾炎武这样一些深受市民阶层思想情感影响的商儒经常以理性的表达方式向士大夫阶层，特别是向统治者传达和传播市民阶层的价值观及其愿望和要求。顾炎武就曾发挥这种精神沟通作用。例如士大夫阶层的正统思想向来是主张“公而无私”，而顾炎武却认为“公而无私”是后代儒者的不实之语，并不是什么上古圣王的伟大教导，人有私心是合乎情理的现象。这种思想既反映了市民阶层自私自利的本性，也表达了市民阶层追逐私利的要求。

市民阶层的逐利要求，在经济生活中表现为对发展工商业有强烈愿望，为此要求减轻或取消封建统治者的超经济剥削，也因为如此，市民阶层与传统封建势力（如皇帝派出的税监、矿监）发生了日益激烈的矛盾与冲突。例如明万历年间，苏州就曾发生过织工、染工暴动，击毙了朝廷派来的税使爪牙多人，税使宦官孙隆被吓得仓皇逃窜。对市民阶层发展工商业的要求，顾炎武不仅理解，而且明确表示支持。他在《田功论》（1645）中就提出了“必疾耕，必通商”的主张，反映了他农商并重的经济观；他还主张打破长期以来官府垄断盐业的局面，认为国家应该明智地容许盐业私营；甚至主张把原本由政府经营的官田一律改为由私人经营的民田，促进土地自由流通，提高农业生产效益。顾炎武的这些思想和主张，反映了市民阶层追逐私利的要求，特别是反映了市民阶层中因工商致富的富人进一步投资兴产的要求。

但是，“商儒”顾炎武终究不是“商”，而是“儒”。“仁”与“礼”是孔子思想最基本的范畴，他对“仁”“礼”是兼重的；但孟子偏重于“仁”，荀子偏重于“礼”。唐宋儒家，特别是宋明新儒家对孟子特别推崇，荀子则受到一定程度贬抑。于是，孔子“仁”“礼”并重的原始儒学思想被片面理解为“仁学”，“礼学”日益衰落。顾炎武力图使儒学回归于“仁”“礼”并重的孔学，提倡“仁礼之学”。

关于“仁”，顾炎武要求将“仁爱”落实到能使匹夫匹妇实际受益的日常生活中，这是据仁道而实行之，这便是“仁道为体”；并要求治国理民者像先王那样尊重人有私欲的正常现象，推行“合天下之私，以成天下之公”的王政，这是利用人的自私心理为治国平天下的政治实践服务，这便是“私情为用”。顾炎武“合天下之私，以成天下之公”的思想是基于“公”“私”可以并立的公私统一观，从儒学意义上来说，在理论上达成了“仁”“私”的统一。这种“仁”“私”统一观成为了顾炎武“治道”的哲学基础。

二、治理理念：平治天下，人人有责

顾炎武关于“治道”的思想是基于对明朝覆亡原因及教训的反思与总结。他认为明朝亡国主要有三方面原因：其一，王室宗族势力衰弱；其二，君主集权制度空前强化；其三，伦理道德沦丧。到了晚年，顾炎武更注重伦理道德因素，他临终绝笔而定的《日知录》中所提出的一些观点，表明了他最终是将明朝亡国的主因归于伦理道德的沦丧。基于这一点，《日知录》中又提出：

有亡国，有亡天下，亡国与亡天下奚辨？曰：易姓改号，谓之亡国；仁义充塞，而至于率兽食人，人将相食，谓之亡天下。……是故知保天下，然后知保其国。保国者，其君其臣肉食者谋之；保天下者，匹夫之贱，与有责焉耳矣。

这段话虽然后来被梁启超概括为“天下兴亡，匹夫有责”，并成为激发国人爱国之情和激励国人自觉担当保国之责的爱国口号；但是据实说，“天下兴亡，匹夫有责”原本是《日知录》中论述治理国家的方针、政策、措施时所提出的思想，在顾炎武“修己治人”的实学思想体系中，它是一种“修己治人”的治理理念。这个理念强调匹夫匹妇都有“修己”以“保天下”的责任，同时也肯定了匹夫匹妇都属于“治人”的主体。这种治理观的独特之处在于：一般儒家王道政治观认为天下是君主一人的天下，由此将天下归为君主一人，使君主独负天下兴亡之责；而顾炎武的治理观认为天下是天下人的天下，由此将天下归为天下所有人，使天下之人共同分担天下兴亡之责。这种“天下兴亡，匹夫有责”的天下观，突破了传统儒家“君主独治天下”的专制主义王道政治观，具有了近世“天下人共治天下”的民主治理意识，这也是顾炎武作为明清之际一位

“天下兴亡，匹夫有责”碑刻　李一氓书

伟大启蒙学者最具政治启蒙意义的一个观念。

“天下兴亡，匹夫有责”是顾炎武“治道”思想的核心理念。基于这一理念，顾炎武又提出了“君臣共治，宗子辅之”的“众治”思想。在《生员论》中，顾炎武提出了“君臣分猷共治”的政治理念，主张以君臣分工合作的行政方式来管理国家。在《日知录》中，顾炎武明确反对君主独裁政治，同时又提出了“立君为民”的执政理念和“天子一位”“禄以代耕”的行政职业观。

这种具有近代民主意识的执政理念和具有近代职业政治家意识的行政职业观，有利于破除君主具有举世无双地位的传统封建等级伦理观念和与此相应的封建君主的唯我独尊心理，并改变自古以来封建君主一贯实行的“厚取于民以自奉”的超经济寄生性剥削制度。顾炎武希望执政者能明白这样的道理：政府（朝廷）是为国民服务的管理机构，天子不过是国家管理机构中的一个职位而已，也是为取得薪俸、养家糊口的行政职业活动，这和一个农民以耕作活动来养家糊口并无本质区别。

与倡导“立君为民”的执政理念紧密相关，顾炎武提倡“不耻恶衣恶食，而耻匹夫匹妇之不被其泽”的廉耻观。这种廉耻观的政治内涵在于强调：在政府（朝廷）中担任各种不同行政职务的官员（君臣）的共同职责是为国民造福，这种行政职责要求政府官员应该具备相应的职业道德，将努力造福于国民当作自己的职业本分，把坚持造福于国民当作履行自己职责的道德义务和职业操守；与此相应，政府官员乃至于天下一切士人都应该有这样一种廉耻观与荣辱观。

另一方面，《日知录》又提出了“天下之宗子各治其族，以辅人君之治”的政治理念，要求非政府组织（宗族）配合政府组织（朝廷）来实现以政府治理为主、宗族自治为辅的多主体合作共治的善治理念，这是顾炎武“众治”思想的一个重要内容。

三、治理体制：中央调控，地方自治

中国古代的国家治理体制，在先秦（主要是西周）是封建制（战国商鞅变法后，秦国率先推行郡县制），秦朝至清朝的2000余年则是郡县制。郡县制与封建制是两种不同形式的政体，区别在于政权结构不同。简言之，封建制是分权结构的政体，郡县制是集权结构的政体。封建制的分权结构问题于兹阙而不论，只论郡县制的集权结构。

郡县制的政权结构体现出地方权力、中央权力和君权的高度统一，三者之间的基本关系是地方服从中央、中央服从国君，由此形成国家权力高度集中于君权的集权结构。在这个权力结构中，帝国君主拥有至高无上的权力，一种可以支配全国的臣民及各类组织却不受来自任何组织和其他个人的法理制约和伦理制约的绝对权力——皇权。顾炎武早已认识到郡县制带来的一些严重不良后果。在《日知录》“守令”条中，顾炎武指出，本来天下之大，万几之广，一个人是无法操持得过来的。在郡县制下难免会有不善于治理国家的人，若将天下一切治权尽收于一人之手，则将形成一个强大到极点的君主。诚然，郡县制条件下并非每个君主都是如此抑或都会如此，毕竟君主个人的具体素质（智慧才能、道德修养）将影响其是否达到如此，但是郡县制不仅不能阻止而且允许某些君主达到如此强大。

在《日知录》“宗室”条中，顾炎武指出“天子独断行之”的郡县制对人们禁防束缚过严，以至于人的智虑被约束，使人失去了思想自由。

他还认为：明清鼎革之际，无论是在抵抗农民军方面，还是在反击后金（清）兵方面，地方宗族组织都发挥了不可忽视的重要作用。他在《裴村记》中指出了各地宗族组织存在强弱不一的情况，实际间接地讲明了明清之际有许多地方的宗族组织已然衰颓不振，关键时刻已不能调动起有生力量来保卫自己的家族和家乡；同时更暗示了造成这些宗族组织衰颓不振的原因与郡县制有很大关系，或者说，在很大程度上是由于郡县制导致了宗族组织的总体衰落。

正是因为顾炎武认识到了郡县制所带来的上述严重后果，他主张进行一定程度的政治改革。在《郡县论》中，

位于昆山中学校园内的雕塑

顾炎武从行政管理角度论述了“封建”与“郡县”之失：周代政府组织的权力结构存在着地方权力过大而天子权力过小的缺陷；秦朝以降，政府组织的权力结构又存在着君主权力过大而地方权力过小的缺陷。在顾炎武看来，“郡县之失”与“封建之失”本质上是一回事，缺陷都是在于政府组织内部缺乏上下之间行政权力互相平衡的合理结构。他认为“郡县之失”这种行政权力高度集中于君主的政府组织如果再不加以变革和改造，在至高无上的君权重压之下的各级地方官员都不再有半点为民谋利的积极性，民穷国弱的面貌不但永远无法得到改善，还将随时间推移朝着民更穷国更弱的方向发展。为此，顾炎武在《郡县论》中提出了“寓封建之意于郡县之中”的改革方案，其要点是：推行经济上的县令承包制和政治上的县令负责制。在此制度下，县里大小行政事务由县令债权负责管理，不受中央干扰；中央权力主要是任命县令，并每隔三年进行一次考核，考核及格可以连任，考核不及格就罢官，并视情节轻重做处罚。对县令来说，一旦正式任职，便只能进不能退，因此唯有尽县令之职。只要称职就可以一直干下去，等到老疾卸任时还可传位于子弟，本人还另可获得该县祭酒的荣誉职位而受禄终身。同时，县里赋税所入都委托县令代收，其中一部分留作本县官员的俸禄和全县行政开支，其余上缴中央政府。

顾炎武认为，他的改革方案的主要特点是充分利用了人的自私心，使县令尽心尽职；而县令为私的想法，也正是为君主效忠。顾炎武非常自信地认为，该方案若真能付诸实施的话，2000 年来封建制的弊端可以得到克服。并且他相信，之后的君主如果希望国富民强，就必须采用这套方案。

在《日知录》中，上述改革方案又有所调整和补充，变动之处主要有这样四点：

其一，《郡县论》是主张县一级自治，《日知录》则笼统强调郡县自治。

其二，《郡县论》论县令自治权，《日知录》论郡守县令的自治权，还论述了“四权”辟官、莅政、理财、治军的概念和意义。

其三，《郡县论》论地方自治时并未提出一般意义的权力分配原则，《日知录》则提出了“以天下之权，寄天下之人”的权力分配原则，并据此主张将天子所执掌的天下大权分配到各级行政官员手中，要求建立“天下之治始于里胥，终于天子”的行政管理责任制。

其四，《日知录》更补充强调了乡级政权应该有一套完备的组织系统和法律制度，指出各乡制定当地的法令规章更加因地制宜，只有这样，国家的治理才能有条不紊。

四、治理目标：财足化行，天下治平

《亭林治学图》

中国古典管理学的基本特征之一在于以整体和谐为价值目标。顾炎武是以“天下治”为社会管理目标，这也可以纳入“以整体和谐为价值目标”范畴。但是，顾炎武的管理思想又有不同于宋明理学“存天理、灭人欲”的价值诉求。他的“乙酉四论”中反映农业经济管理思想的《田功论》，便是在求致“天下之大富”的功利价值目标引导下来探讨如何提高农业经济管理水平。文中提出以出钱募人垦荒的办法来恢复边地农耕事业，也就是主张采取劝农之官私人承包经营方式来提高农经管理水平，从而达到提高农业生产效率而实现“天下之大富”。《郡县论》中，他希望通过调整政府组织的权力结构来消除“郡县之弊”，提高政府组织的行政效率，以达到民富国强。

但是，在顾炎武管理思想体系中，“民富国强”只是达成“天下治”的必要条件之一。《日知录》有云：“欲使民兴孝兴弟，莫急于生财。以好仁之君，用不聚敛之臣，则财足而化行。人人亲其亲，长其长，而天下平矣。”由此可见，“财足化行”才是顾炎武想要达成的“天下治”的充分条件。按此思想理路，“财足”是“天下治”的经济物质生活条件，“化行”是“天下治”的道德精神生活条件；同时，“财足”又是“化行”的前提和基础。这与孟子的“为民之道”和《管子》的“牧民之道”是一致的。然而，顾炎武“财足化行”的治理目标又与他“天下兴亡，匹夫有责”的思想有内在联系，在这种联系中，“财足化行”不仅是君主大臣所应追求的治理境界，也是包括平民百姓在内的每个人所应追求的人生境界。在后一种意义上，“财足化行”就是意味着为富而仁。所以，“天下治”就是意味着普天之下人人都“为富而仁”。

顾炎武像　清 · 叶衍兰绘

五、治理方式：法名礼治，综合施行

在国家治理方式上，顾炎武主张“名”“法”“礼”兼采并用，进行综合治理。

首先，顾炎武主张“名教”。他曾回顾明朝历史，认为明朝末年社会道德状况最糟，人心风俗沦落到六亲不认，是由于政教失误所致。国家采用宋真宗赵恒（968—1022，宋太宗第三子，北宋第三位皇帝）所著《励学篇》中倡导的利诱方式，来教育和激励人们从小立志追求荣华富贵的生活，为争取名利而勤奋学习。这种“以利为教”的结果是：自小被物质利益刺激而奋发图富贵的士子们，做官后便以官职和权力谋私逐利，实现从小的荣华富贵梦。因此形成政府官员人人怀利、事事图利、处处谋利的官场风气，最终酿成黑暗腐败的政治局面。这种“贪政”对国家造成的后果是灾难性的。顾炎武在清顺治二年（1645）为祭崇祯帝自缢于煤山而作的《大行哀诗》中就提到崇祯执政时，世风已然败坏，官场相当黑暗，结党营私现象普遍，卖官买官现象严重。当时正值国家内忧外患之际，可是朝中既无能臣，更缺良将，这使得崇祯帝眼看着国家破碎，政权沦亡，却没有化解危局的能力和办法，最终只能自缢而死。

针对长期以来统治者“以利为教”所造成的人欲横流、唯利是图的社会风气，顾炎武主张用“以名为教”来代替“以利为教”。如果说“以利为教”是劝人求“利”的话，那么，“以名为教”就是教人求“名”。顾炎武所讲的“名”是指忠信廉洁之类的道德名声。据顾炎武对现实生活的观察，人们追求道德名声的动机是因人而异的。一些深受儒家“三不朽”（立德、立功、立言）观念影响的“君子”追求“忠信廉洁”的名声，是为了自己死后能留下流芳百世的美名。但是，现实生活中这类君子很少见，一般人之所以谋求自己出名，都是为了求得其私利满足。顾炎武的“名教”主张是针对一般人的心理状况提出来的，这是根据自私自利的人之常情，将利寓于名之中，使个人私利和道德名声捆绑在一起，让自私自利的人们为自己的私利，不得不顾及自己的道德名誉。顾炎武的“名教”主张是基于“主观为私，客观为公”的伦理原则，实质在于看重道德行为的客观效果，而不管道德主体有怎样的主观动机。“以名为教”的实质在于教人以名为利，也就是要让自私自利的芸芸众生为了求得满足私利，不得不首先设法为自己争得“忠信廉洁”的好名声。由于“忠信廉洁”之名反映着国家的利益和需要，所以人们对“名”的追求，无论主观动机如何，客观效果都能使“国家”的利益和需要在一定程度上得到满足。

与“名教”主张紧密相关的是：顾炎武要求改革科举制度，反对以科举作为取士的唯一途径，主张将汉代察举制与科举制结合起来，以平时的道德操行作为取士的首要标准，以科举考试成绩作为次要标准。他希望新的选官制度可以达到改善民风和官风的目的。

与新的选官制度相配套，顾炎武还主张采取“奖廉”的办法来激励在职官员，使他们能安守清廉，不贪他人贿赂；并主张恢复汉代“清议”（在政治领域中对人物的品评，包括官员候选人和在职官员），利用民间舆论对在职官员的道德操行进行监督，有利于改善官德和民风。

其次，顾炎武主张“法治”。在顾炎武看来，“名教”并不适用于所有人，其对于那些极端自私自利的人是无效的；治理这部分人，只能依靠“法治”。对政府官员的贪腐行为，顾炎武主张严法惩治，对犯有贪赃罪的官员，一律不得赦免其罪，按刑律该杀者则格杀勿论，罪不至死者也必严惩，决不仁慈。

再次，顾炎武主张“礼教”。顾炎武认为：仅靠“名教”“法治”，还不足以从根本上扭转官风民风的败坏局势，还应采取“以礼治心”的“礼教”方式。顾炎武所谓的“礼教”，是要求统治者重视儒家“三礼”（《周礼》《仪礼》《礼记》），在国民中普及儒家所提倡的做人标准和行为规范，使人人懂得为人处世的基本规矩。在顾炎武看来，如果连为人处世的基本规矩都不懂，不知道自己该怎样待人接物，那就只能是胡作妄为了。

顾炎武主张“法”“名”“礼”兼用，正是鉴于在“天下为家”的现实社会人都不免有自私自利心，即使道德教化情况再好，因各人修养程度高低不一，总难免会有“君子”“小人”等差别。针对这种多样性现实，采用“法”“名”“礼”三种不同标准来规范约束人生境界各不相同的人，依据这些标准来实施综合治理，就会收到较好效果。毫无疑问，顾炎武的综合治理思想具有一定的合理性，至今对治国理民也仍有现实的启迪意义。